STEIDL

Rolf Schneider

Volk ohne Trauer

Notizen nach dem Untergang der DDR

Steidl

1. Auflage März 1992

Umschlaggestaltung: Dirk Reinartz/Gerhard Steidl. Gesetzt aus der Walbaum der H. Berthold AG · Gesamtherstellung: Steidl, Düstere Straße 4, 3400 Göttingen · ISBN 3-88243-216-0

Inhalt

Statt eines Vorworts

Die Sache liegt noch nicht sehr lange zurück. Gleichwohl erhalten offizielle Erinnerungen daran mehr und mehr etwas Beiläufiges, weswegen es kaum noch als überflüssig erachtet werden kann, zu betonen, daß der Sturz des realsozialistischen Herrschaftssystems in der damaligen DDR etwas ganz und gar Außerordentliches gewesen ist.

Denken wir zurück. Das Honecker-Regime machte bis zuletzt einen ziemlich festgefügten Eindruck. Die Sicherungen bestanden aus massenhafter Überwachung, aus Bürokratie, Furcht, Anpassung und einem bescheidenen internationalen Respekt. Selbst die vorhandene Opposition schien bloß geeignet, das System zu stabilisieren.

Es brach dann doch zusammen, und innerhalb kürzester Frist. Werkzeuge des Umsturzes waren politisierende Gottesdienste, ein vor aller Welt ausgebreitetes Emigrationsbegehren und, schließlich, die öffentlichen Protestbekundungen von Millionen, geschehen in fast allen Städten des Landes. Es gab die provozierenden Eingriffe der Ordnungsmacht. Gleichwohl blieben die Demonstranten friedlich.

In ihrer Taktik, deren sanftes Symbol die brennende Kerze war, lassen sich religionsferne Reflexe der Bergpredigt Jesu Christi erkennen, zu danken dem Umstand, daß dieser politische Widerstand sein Training vornehmlich in Einrichtungen des deutschen Protestantismus erfuhr. Die Zerstörung der alten Herrschaftsstrukturen geschah so still wie nachdrücklich. Blut floß keines.

Denn dies war von der revolutionären Standgerichtsbarkeit anderswo zu erfahren gewesen: daß sie immer auch Unschuldige ereilte, wie umgekehrt viele der wahrhaft Schuldigen problemlos davonkamen. Als Ziel der aufständischen Mehrheit in der DDR erwies sich bald der staatliche Anschluß an die Bundesrepublik. Das war ökonomisch vernünftig und taktisch geschickt: Man nahm das westdeutsche Grundgesetz beim Wort seiner Präambel.

Der Herbstaufstand 1989 in der DDR wurde die erste wirklich geglückte Emeute dieses Umfangs in der deutschen Geschichte. Sie wirkte weit über die nationalen Grenzen hinaus, denn die sogenannte samtene Revolution in der CSSR war ihre Kopie ebenso, wie es die antistalinistischen Aufstände in Bulgarien und Rumänien waren. Der endgültige Zerfall des sowjetischen Imperiums und der Sowjetunion selbst wurde befördert. Das kleine Volk zwischen Elbe und Oder erwies sich als Subjekt epochaler Ereignisse. Alle Welt, die westdeutschen Nachbarn voran, bezeugten ihm dafür Bewunderung und Respekt.

Hochgefühle sind kein Dauerzustand, und auf Zeiten des Rauschs folgt der Katzenjammer. Die Ostdeutschen brachten für ihre neuen Zustände außer der Tatsache und dem frohgemuten Bewußtsein ihres Sieges nicht viel mehr als ihre Arglosigkeit mit.

Die beträchtlichen Defizite des von ihnen bewohnten Landes entdeckten sie mit den Westdeutschen gemeinsam. Wenn sie je gemeint haben sollten, der wiederentstehende Nationalstaat sei auch etwas wie eine Solidargemeinschaft, mußten sie jetzt begreifen, daß er vor allem das Gefäß einer hochentwickelten Warenwirtschaft war. Von der hatten sie bislang bloß die Schaufenster gekannt. Jetzt sahen sie sich in erbitterte Verteilungskämpfe geworfen, für die sie schlecht gerüstet und gänzlich ungeübt waren.

So wurde aus ihnen der bläßliche häßliche Ossi. Faul, unbeholfen, dumm, verschlagen, habgierig, opportunistisch, wehleidig und primitiv. Unfähig zu begreifen, daß dies nur von der Gegenseite eingesetzte psychologische Waffen in einer ökonomisch bestimmten Auseinandersetzung waren, fragten sie sich, ob solche Urteile womöglich berechtigt seien. Die Frage so zu stellen bedeutete schon, das Urteil zu verinnerlichen und sich ihm entsprechend zu verhalten.

Das westdeutsche Interesse für die ostdeutschen Geschehnisse vom Herbst '89 bleibt unzweifelhaft. Es war so stark und so flüchtig wie im Falle, sagen wir, des Gladbecker Geiseldramas: Es war aus dem gleichen Stoff. Die Mehrheit der Westdeutschen hatte bis dahin weder innere Beziehungen zur DDR besessen noch Kenntnisse von ihr. Vierzig Jahre einer hermetischer werdenden Teilung wirkten sich aus. Um ein weniges, und die offizielle DDR-Vorstellung von den zwei deutschen Nationen wäre politische Wirklichkeit geworden.

Zur selbstverschuldeten Tragödie der Ostdeutschen gehört es, daß sie die wenigen Waffen, die sie in der Abwehr der westdeutschen Übermacht zur Verfügung hatten, immer viel zu früh einsetzten und deswegen zu rasch verschlissen. Die staatliche Einheit war noch nicht vollzogen, da hub ein lautes ostdeutsches Nachdenken an über jene Identitäten, die man angeblich einzubringen habe. Die Vokabel wurde derart inflationiert, daß bald niemand sie mehr hören mochte, und was sich hauptsächlich dahinter verbarg, waren bloß die Privilegien der einstigen Herrschaftsschicht.

Vergleichbares geschah, als die Erzählung einer sehr bekannten ostdeutschen Autorin in einigen westdeutschen Blättern böse Verrisse erfuhr. Das Negativurteil war gar nicht einhellig gewesen, doch der ostdeutsche Literaturbetrieb begann alsbald zu zetern, derart wolle man ihm die Existenzberechtigung rauben. Das war zwar falsch, aber die Idee stand im Raum. Sie mußte bloß noch materialisiert werden. Eben das geschieht gegenwärtig, und wieder hat der mögliche Protest durch voreiligen Verschleiß sich selbst entwertet.

Die von einigen mächtigen westdeutschen Feuilletons vorgetragene Behauptung, der gesamte DDR-Kulturbetrieb sei von der Stasi manipuliert, ist so gut wie ein Todesurteil. Etwas von so ekelhafter Herkunft faßt ein Mensch mit Geschmack nicht an. Der Vorwurf selber stützt sich bloß auf die eher dürftigen Belege von Kontakten zweier Ostberliner Avantgarde-Poeten zu Erich Mielkes Behörde.

Die spätestens seither tobende Stasi-Paranoia trägt alle Züge jener Krankheit, die zu heilen sie vorgibt. Die Ostdeutschen halten sich dabei deutlich zurück, was weniger mit ihrer möglichen Involvierung zu tun hat als mit ihrer sehr viel besseren Kenntnis der Wirklichkeit.

Sie wissen nämlich, daß ihre Existenz in Erich Honeckers DDR insgesamt ein gläsernes Dasein war. Die Bewachung ihres Denkens und Tuns geschah nicht nur durch die Staatssicherheit, sondern außerdem: durch die SED, durch die Gewerkschaft, durch die Polizei, durch den Zoll, durch die Schule, durch den Jugendverband, durch die Politruks, durch die Justiz, durch die Ämter, durch die Kader- oder die Personalabteilungen der Betriebe, durch den Klatsch. Denunziation setzte nicht die Verpflichtungserklärung als IM voraus, Neid genügte. Das Entsetzen der Ostdeutschen nach dem Sturm auf die Stasi-Zentralen erklärt sich nicht so sehr aus der Entdeckung des Observierungsumfangs, der bekannt war, wie aus den Riesenmengen von Geld, Materialien und sinnlos Beschäftigten, von denen man jetzt erfuhr.

Die inzwischen getroffene Übereinkunft, Mielkes Stasi zur einzigen und ausschließlichen Schuldadresse der alten DDR zu erklären, ist so bequem wie falsch und gefährlich. Sie operiert mit Vermutung und Heimtücke. Sie hat den unterhaltsamen Effekt von Hexenjagd, Schlüssellochenthüllung und Geheimdienstroman. Sie exkulpiert völlig die Spitzbuben aus den anderen Offizialbereichen, die auf solche Weise unangefochten in den höchsten Behörden und Parlamenten wirken dürfen, während ein einst bei der Stasi angestellter Handwerker es nicht einmal zum Straßenkehrer im öffentlichen Dienst bringen kann.

Die Manager in diesem sonderbaren Geschäft sitzen westlich der Elbe. Ihre Schaltstellen sind zum Beispiel die vielfältigen Kommandostäbe der Bewußtseinsindustrie. Sie haben zahlreiche Zuträger und ein dankbares Publikum. Zum Phänomen der DDR-Staatssicherheit unterhalten sie alle miteinander die Beziehung des lustvoll erschauernden Voyeurs, und außer diesem Kitzel bieten sich ihnen zusätzlich drei Vorteile.

Der erste ist ein Akt nachholender Geschichtsklärung. Jene Depurgation, welche die Gründergeneration der alten Bundesrepublik bei ihren Verstrickungen in die Verbrechen der Hitlerei aus vielerlei Gründen nicht vornahm, wird nun, durch die Generation der Kinder, bei den Ostdeutschen exekutiert. Das Verfahren ist ideal. Man weiß ganz gewiß, daß man selbst nicht betroffen ist, und zeigt doch gegenüber dem eigenen Volk die gnadenloseste Härte. Endlich einmal die Chance, vor den Augen der Welt Deutschlands schmutzige Hände demonstrativ zu säubern.

Der zweite ist die mit dieser Kampagne verbundene und bereits erwähnte Marktbereinigung. Verstörte und verunsicherte Konkurrenten sind bequem. Der letzte Vorteil hat dann nochmals mit Historie zu tun.

Die politisch-wirtschaftlichen Ursprünge der Westdeutschen, Grundlage ihres beträchtlichen Erfolgs, waren nichts weniger denn selbstbestimmt, vielmehr wurden sie von den Besatzungsmächten aufgenötigt. Hingegen war der Aufstand der Ostdeutschen ein Akt der souveränen Selbstbefreiung. Aus der eigenen Geschichte ließ sich dem nichts annähernd Gleichwertiges zur Seite stellen, und das drückte mit der Zeit aufs Gemüt.

Da entdeckt man, glücklicherweise, daß viele wichtige Akteure des Herbst 1989 in der DDR Agenten der Stasi gewesen sind. Schnur, Böhme, de Maizière, so manches Mitglied der von ihm geleiteten Regierung und so manches Mitglied des protestantischen Klerus. Muß da nicht gesagt werden, bei dem Aufstand habe es sich überhaupt bloß um ein manipulatives Unternehmen der Stasi gehandelt? Mit Krenz, Schalck-Golodkowski und Markus Wolf als Schlüsselfiguren? Einer, der es wissen muß, Hans Modrow, hat es jüngst genau so gesagt. Die friedliche Revolution in der DDR wäre demnach ein so unappetitliches Ding wie die dortige Kultur, und die Ostdeutschen wären nicht nur nicht verdienstvoller, sondern noch viel mieser als man selbst.

Außerdem wären sie um das gebracht, was sie infolge inflationärer Verwendung nun auch nicht mehr guten Gewissens in den Mund nehmen dürfen: ihre Identität, ihre besondere Geschichte und ihre Würde. Als politische Krüppel gingen sie hinfort noch gehorsamer an der Leine der Westdeutschen, ohne Eigensinn, ohne Erinnerung und ohne

Widerstand. Noch rascher würden sie die Regeln jener erlernen und noch williger deren Verhalten kopieren. Ein weiteres Mal von der Geschichte betrogen, würden sie schließlich erkennen, daß ihre einstige Empörung ein Possenspiel war und politischer Aufstand alles in allem eben doch nicht lohnt.

Das Jahr des Schafes

I

Das Stück eines österreichischen Gegenwartsautors, uraufgeführt am Wiener Burgtheater, wurde bereits vor der Premiere von klerikal-konservativer Beschimpfung und juristischen Drohungen eingeholt. Eine der provozierenden Rollen in diesem Stück, jene einer »Lodenfaschistin«, hatten insgesamt 28 Darstellerinnen abgelehnt. Den Part übernahm schließlich eine Schauspielerin aus der ehemaligen DDR.

Im Berliner Souvenir-Shop der SED-Nachfolgeorganisation PDS wurden Sticker verkauft mit dem Satz *Mut zum Träumen*. Beim Betrachten dieser Ware tat ein Besucher den Ausspruch, daß für die PDS Mut zur Wirklichkeit doch wohl angebrachter wäre.

Nächtlicher Landungsanflug auf Berlin-Tegel. Bei den Schleifen der Maschine über der Stadt zeigt sich die vor dem Herbst '89 am meisten erleuchtete Passage im Weichbild, die Grenze, inzwischen in provozierendes Dunkel getaucht. Auch dadurch bleibt ihr Verlauf weiterhin kenntlich. Die Unterschiede zwischen den durch die Mauer einst getrennten Stadthälften, die sich etwa bei Gängen durch die Straßen immer mehr zu verwischen scheinen, sind vom

Flugzeug her deutlich wahrzunehmen. Der Westen ist das von Witold Gombrowicz so benannte »funkelnde Glitzerding« geblieben. Der Osten ist dämmerig. Immer noch.

Man hat wahrgenommen, daß der PDS-Chef Gregor Gysi nach der Offenlegung von großangelegten Geldschiebereien durch seine Partei einen ähnlichen Eindruck gemacht habe wie Uwe Barschel kurz vor seiner Ehrenwort-Pressekonferenz.

Nach Auskunft eines Klatschblattes ist ein durch seine DDR-kritischen Texte berühmt gewordener Autor aus dem vordem sogenannten deutschen Westen eine Liebesbeziehung eingegangen mit einer Journalistin, die in der ehemaligen DDR für ihre unbedingte Systemtreue bekannt gewesen war. Es wäre dies, wenn es denn stimmt, ein schönes Exempel für das von Helmut Kohl geforderte Versöhnungswerk.

Die frühere DDR-Strafvollzugsanstalt Berlin-Rummelsburg ist wiedereröffnet worden als ein Tagungszentrum, das sich in den Ankündigungen zumal seines Veranstaltungsservice rühmt.

Nahe einem Badeort an der vormals zur DDR gehörenden Ostseeküste wird durch ein Schild hingewiesen auf die Existenz einer Surf-Schule. Das englische Wort *surf* bedeutet Brandung. Eine Surf-Schule hätte demnach die Aufgabe, das Meer eine seiner ureigenen Tätigkeiten zu lehren. Die Existenz der Surf-Schule könnte als Indiz dafür dienen, daß man denen da drüben eben alles beibringen muß.

Die Wiedervereinigung der beiden getrennten Teile Berlins äußert sich derzeit darin, daß in den westlichen Nobel-Stadtteilen Zehlendorf und Schlachtensee der Lärm, die Abfälle und die Schmierereien zunehmen, in östlichen Stadtvierteln wie Lichtenberg oder Köpenick die Zigarettenreklamen und die Porno-Shops.

Bei einer Reise durch das Münsterland, das in strahlendem Lichte liegt, stehe ich auf einem Bahnsteig des Hauptbahnhofs von Hamm. Statt des erwarteten Zuges, der Verspätung haben wird, rollt langsam ein Zug ein, dessen Waggons das Signet der Deutschen Reichsbahn aus der ehemaligen DDR tragen. Auch sonst verleugnet der Zug seine Herkunft nicht. Die Fenster sind blind. Die Waggons sind staubig. Innen riechen sie, stelle ich mir vor, nach den bekannten schlechten Desinfektionsmitteln. Ich entdecke, daß die Begegnung mit dem Zug inmitten der unverhofften Umgebung mich anrührt. Es ist wie ein Reflex von Heimweh. Ich bin beunruhigt wegen meiner Sehnsucht, die den Zuständen von Not und Verwahrlosung gilt. Ich frage mich, wieviele Menschen außer mir solche Empfindungen haben mögen.

Ein Mann, Bürger der ehemaligen DDR, warf den Zuständen unter Ulbricht und Honecker vornehmlich ihren Mangel an kulinarischer Kultur vor. Die Mauer bedeutete für ihn die Aussperrung aus den Paradiesen des guten Essens. Als diese Mauer fiel, regte er sich dermaßen auf, daß sein Stoffwechsel durcheinandergeriet. Seither muß er auf strenge Diät achten.

Der ungarische Reformpolitiker Imre Pozsgay hat zu Recht angemerkt, daß der Sturz der realsozialistischen Systeme in Osteuropa auch die europäische Sozialdemokratie mitrisse.

Eine der in der gesamtdeutschen Debatte um die ideologischen Altlasten der ehemaligen DDR verwendeten Vokabeln lautet Gesinnungsästhetik. Formuliert nach dem Vorbild des von Max Weber erfundenen Begriffes Gesinnungsethik sagt er nichts anderes aus, als daß Gesinnung eine Ästhetik habe oder eine Ästhetik existiere, welche herrühre aus einer Gesinnung. Literaten in den fünf neuen Bundesländern könnten den Unsinn, den man ihnen mit dieser Vokabel nachredet, mühelos abwehren, wenn sie etwas gebildeter wären.

Denn es ist nicht wahr«, hat ein Pole gesagt, der zur Zeit von Jaruzelskis Kriegsrecht im Internierungslager saß, »daß wir nur Opfer sind, wir sind Schuldige.«

Die alte DDR hatte sich in ihren Anfängen entschlossen, Friedrich II., den Preußenkönig, als Blutsäufer und Hauptakteur der deutschen Misere zu zeichnen. Im Laufe der Jahre sah man ihn differenzierter oder, in der Lieblingsvokabel damaliger Ideologen: dialektischer. Die Schlesischen Kriege waren da zwar nach wie vor ein Unheil gewesen, aber Friedrich hatte auch den Oderbruch kultivieren lassen und den Kartoffelanbau gefördert. Noch später wurde sein Denkmal wieder auf die Allee Unter den Linden gestellt, und der höchste Mann im Staate redet ausdrücklich von Friedrich dem Großen. Wieder einmal also, zum vierten, hat sich ein von Berlin aus regierter deutscher Staat durch seine kritiklose Berufung auf Fridericus Rex zugrunde gerichtet.

Nach einer Äußerung der sowjetischen Zeitung Moskowskije Nowosti hatte die deutsche Frage deswegen gelöst werden müssen, weil es nunmehr die sowjetische Frage gab. Ich halte diese Formulierung für angemessen, denn die sowjetische Frage, wie die deutsche, hat mit Teilung zu tun.

Der Journalist Oldag erzählt einer in München erscheinenden Zeitung von seiner Begegnung mit Jürgen Fischer. Der ist ein inzwischen fünfzigjähriger Diplomchemiker mit Karriere im Werk für Mikroelektronik Zehdenick, nördlich von Berlin. Jürgen Fischer war früher Mitglied der SED. Er war ehrgeizig. Er wurde in dem Betrieb Abteilungsleiter. Man wählte ihn in die Kreisleitung der SED. Eine Zeitlang leitete er die Betriebsgruppe der Gewerkschaft. Er wurde Direktor für Kader und Bildung, am Ende Direktor des Gesamtbetriebs mit, immerhin, 1400 Arbeitsplätzen. »Wir haben hohe Achtung vor der persönlichen Einsatzbereitschaft der führenden Genossen«, sagte im Oktober 1989 Jürgen Fischer und sagte: »Marktwirtschaft haben wir nicht nötig.« Nach dem Februar 1990 sagte er: »Ich versuche, den hohen Anforderungen der sozialen Marktwirtschaft gerecht zu werden.« Er wollte alle Arbeitskräfte behalten. Sie müßten nur das Doppelte produzieren. Die Leute produzierten, und das Werk wurde eine Kapitalgesellschaft. Fischer entwickelte ein Sanierungskonzept, danach waren bloß noch 500 bis 700 Arbeitsplätze zu halten. Die Leute begannen gegen Jürgen Fischer zu demonstrieren. Jürgen Fischer untersagte alle gewerkschaftliche Betätigung, stellte Mitarbeiter der früheren Staatssicherheitsbehörde ein und entließ 105 Arbeitskräfte. Die Kündigungen mußte er zurücknehmen. Sie verstießen gegen das Tarifabkommen. Jetzt wollte er radikal die Kosten senken und kaufte sieben neue Automobile. »Die gesamtgesellschaftlichen Rahmenbedingungen haben sich geändert«, sagte er. Das SED-Parteiabzeichen am Revers hat er durch ein kleines goldenes Kleeblatt eingetauscht.

Nach einer Meldung der Nachrichtenagentur dpa wollte sich in Sachsen der neugegründete Landesverband des Bundes der Vertriebenen einen Vorstand wählen. Alle dafür vorgeschlagenen Kandidaten waren früher Mitglieder der SED gewesen, die den Bund der Vertriebenen immer als eine Organisation von Revanchisten und Kriegstreibern verfolgt hatte. Die Wahl des Vorstandes ist daraufhin unterblieben.

Genug«, sagte mir ein nicht mehr junger Schöngeist mit erstem Wohnsitz in Hamburg-Harvestehude. Wir saßen in einem Kaffeehaus am oberen Kurfürstendamm, und mein Gesprächspartner blickte mißbilligend über die Köpfe des durchaus gemischten Publikums. »Unser Interesse für die ostdeutschen Zustände«, sagte er, »hat fünfzehn Monate gewährt. Das waren zehn Monate zuviel. Nun müssen wir daran denken, daß wir auch noch Verpflichtungen in der Toscana haben.«

Auf einem Plakat der PDS lese ich die Parole: »Linke brauchen kein Vaterland.« Ich frage mich, wieso die PDS, als sie noch SED hieß, vierzig Jahre lang so inständig an einem Vaterland gebastelt hat. Natürlich, sie ist damit gescheitert. Die Parole hat etwas vom Fuchs und den Weintrauben in der klassisch-romanischen Fabel, aber sie läßt sich auch als Selbstkritik lesen. Parolen von einer so aufgeblähten Vieldeutigkeit, denke ich mir, fallen zu Recht ins Nichts.

Das Scheitern des SPD-Kanzlerkandidaten in Ostdeutschland ist damit erklärt worden, daß er aus dem Saarland stamme, was augenblicklich negative Erinnerungen an den gebürtigen Saarländer Erich Honecker wachrufen mußte. Die Wahrheit verhält sich etwas anders: Schon Erich Honecker ist gescheitert, weil er als gebürtiger Saarländer von Ostdeutschland keine Ahnung hatte.

Die frühere Ost-Berliner Universitätsbuchhandlung Unter den Linden ist in den Besitz eines rheinländischen Unternehmens übergegangen. Bei meinem ersten Besuch nach der Wiedereröffnung dortselbst entdeckte ich sofort hinter dem Eingang einen ausladenden Tisch mit Esoterik, welchen Anblick ich durchaus als eine Niederlage empfand.

Man schildert mir diese Biographie: Eine Frau vom Geburtsjahrgang 1916 erlebte, als sie ein Kind war, die trostlosen Zustände der Hungerwinter nach dem Ersten Weltkrieg mitsamt dem Geldverfall und der Steckrüben-Marmelade. Ihre Jugend fiel in die Weltwirtschaftskrise. Der Beginn ihrer Ehe fiel unter die Zeichen der braunen Diktatur. Ihr Mann zog in Hitlers Krieg und kam nie zurück. Kurz vor dem Kriegsende wurde sie noch zwangsverpflichtet, in die Rüstungsproduktion. Ihre Wohnung wurde ausgebombt. Sie erlebte die russische Besetzung. Sie wurde Trümmerfrau. Sie zog ihre Kinder auf unter den materiellen Mängeln und immateriellen Zwängen von Walter Ulbrichts DDR. Als Honeckers Mauer stand, machten ihre Kinder ihr Vorwürfe, daß sie nicht gemeinsam mit ihnen in den deutschen Westen geflohen wäre. Dann gingen diese Kinder, eines nach dem anderen, aus dem Haus. Sie arrangierten sich mit dem politischen System der DDR, machten Karriere und vergaßen ihre Mutter. Als die Frau ins Rentenalter eintrat, erhielt sie, da sie niemals eine höhere berufliche Qualifikation hatte erlangen dürfen, die niedrigste Rente. Der Betrag war eben ausreichend, ihre Miete in einem allmählich verfallenden Wohnhaus zu entrichten und die tägliche Ernährung zu bestreiten. Ihre Kinder flohen, eines nach dem anderen, in den deutschen Westen. Gelegentlich erhielt die alte Frau von ihnen Pakete. Nach dem Sturz des Honecker-Regimes und der vollzogenen Währungsunion bezog sie wiederum die niedrigste Rente. Sie erfuhr, daß der private Besitzer des Mietshauses vorgesprochen habe und das Gebäude bald sanieren lassen möchte, was dann bedeutende Veränderungen für die gegenwärtigen Mieter mit sich brächte. Seit dem Fall der Mauer hatten ihre Kinder noch niemals Zeit gefunden, ihre alte Mutter zu besuchen. Die Kinder schreiben auch nicht oft. Möglicherweise haben sie wirtschaftliche Schwierigkeiten. Einen Platz in einem Altersheim kann die alte Frau nicht finden. Sie fragt sich, wofür sie eigentlich gelebt habe.

Lafontaine genoß als Kind eine geistliche Erziehung. Sein berufliches Tun hatte mit einem Fach zu tun, das man, im allgemeinsten Begriff, ein naturwissenschaftliches nennen kann. Vor allem darf man es als einen Übergang oder, besser, Vorwand sehen für den Ausbau seiner Karriere, denn von Anfang an stand ihm der Sinn nach persönlicher Nähe zur politischen Macht. Rasch war er darin erfolgreich. Er bediente bereitwillig den Zeitgeschmack. Seine hohe Intelligenz blieb unbestreibar. Sein Spott konnte außerordentlich werden, seine verbalen Äußerungen wurden gefürchtet. Dabei leugnete er nicht seine Neigung zu parasitärem Genuß, zu feiner französischer Lebensart, und immer blieb das Zentrum seiner Neigungen Paris. Er schuf sich viele Feinde. Er brachte es zur Teilhabe an einem innersten Kreis der Einflußnahme, doch den absoluten Höhepunkt des von ihm gewählten Tuns hat er ständig verfehlt: Da waren andere davor. Die Rede ist von Jean de

Lafontaine (1621–1695), Mitglied der Académie française, Freund Racines und Erneuerer der Fabeldichtung.

Man erzählt mir von einem Berliner Vorort, Teil der früheren DDR, wo insgesamt 800 Fälle des ungeklärten Besitzes an Immobilien vorliegen. Da trotz des zweiten Staatsvertrages und der durch die übernommene Rechtssituation garantierten Eigentumsrechte die Besitzlage von Fall zu Fall unentschieden bleibt, setzen manche der Parteien auf Psychoterror. Bizarrester Fall ist jener einer westdeutschen Eigentümerfamilie, die sich vor das ihnen gehörige Grundstück Woche um Woche mit einem Wohnmobil postiert. Sie zermürben die Nerven der jetzigen Bewohner derart, daß sie, im Abstand von etwa zwei Stunden, an deren Tür schellen und das Ausleeren ihrer chemischen Toilette verlangen, was man ihnen, schon aus ökologischen Gründen, nicht gut verweigern kann. Das Wohnmobil ist auch sonst ausgestattet mit allerlei Signien des Komforts, etwa einer Fernsehantenne. Die Außenwände zeigen in buntesten Farben einen Seestrand, mit Palmen, vor azurblauem Himmel.

Vor mir fährt eine schmutzig-graue Limousine durch die Straßen von Ostberlin. Auf dem Kofferraum klebt ein gelber Sticker mit der Aufschrift: *Oh, frische Bohnen!* Innen sitzen vier Offiziere der Roten Armee.

Die früher im Dienst des SED-Staates beschäftigten Juristen eröffnen jetzt, da sie auf eine neuerliche Übernahme in den öffentlichen Dienst nicht hoffen dürfen, häufig eine Praxis als freier Rechtsanwalt. Ihre Schriftsätze zeichnen sich immer wieder aus durch ein stilistisch schlechtes und grammatisch fehlerhaftes Deutsch. Sprache ist, nach einem Ausspruch von Karl Marx, die Materie des menschlichen Denkens.

Täglich warte ich auf die Entdeckung, der Chef der alten DDR-Staatssicherheitsbehörde, Erich Mielke, habe sich selbst observieren lassen.

Werbung zur Bundestagswahl in Ostberlin. Ich fahre mit meinem Wagen auf einer verkehrsreichen Straße, als mir ein riesiges farbiges Plakat entgegenschwimmt, das den Kanzlerkandidaten Oskar Lafontaine im angeregten Gespräch mit Egon Krenz zeigt. Erst beim Näherkommen sehe ich, bei dem vermeintlichen Krenz handelt es sich um einen grinsenden Anonymus. An anderer Stelle wirbt für die CDU mit einem großen Porträt des wegen Parteispenden ins Gerede gekommenen früheren Flick-Managers von Brauchitsch. Hier braucht es mein mehrmaliges Hinblicken, daß ich auf dem Plakat endlich den Politiker Diepgen erkenne. An einer Werbewand steht in riesigen Lettern *Die Löwen kommen!* Statt der zu erwartenden Fahrzeuge einer französischen Automobilfirma erscheinen danach die Bilder von Genscher und Lambsdorff.

Noch immer nicht hinreichend erklärt ist die Tatsache, daß die Staatssicherheitsbehörde in der alten DDR, ausgestattet mit Hunderttausenden von Mitarbeitern, versehen mit riesigen materiellen wie auch immateriellen Zuwendungen, exakt in jenem Augenblick vollständig versagte, auf dessen möglichen Eintritt hin sie einzig ins Leben gerufen worden war.

Durch Zufall gerate ich in den Vortrag eines Ostberliner Kulturwissenschaftlers über die Lage der Künste im ehemaligen SED-Staat. Es werden die Zumutungen aufgezählt, die Vorschriften, die Konflikte, die Verbote, die Knechtungen der Kunst durch die Zensur. Die Bilanz wird düster. Das Gesamturteil gerät vernichtend. Sonderbar nur, daß der Jargon immer noch jener blutleeren Formelsprache aus mäßig aufgeklärtem Spätmarxismus und wässeriger Kultursoziologie entstammt, wie sie bei entsprechenden Anlässen in der Endphase der Honecker-Herrschaft das übliche war. Von daher geblieben sind auch die eindimensionale Sicht und das Fehlen störender Fakten.

Der polnische Schriftsteller Andrzej Szczypiorski erzählt die folgende Geschichte: »Ich war bei netten

Leuten in Baden-Baden zu Gast. Eines Tages sagte mein Gastgeber zu mir: ›Wissen Sie, wir Badener sind eigentlich keine Deutschen. Blicken Sie von der Terrasse aus nach Westen. Dort, wo Sie diese Wiesen und Weinberge sehen, ist schon Frankreich. Wir haben lateinische Gemüter, lieben Wein, schöne Frauen, Liebeslieder.‹ – Das war ein sehr sympathisches Erlebnis, es schien mir aber wenig wesentlich zu sein. – Einige Tage später war ich in Hamburg. Und dort hat mir ein netter Mann in einer Tweedjacke, die Pfeife im Mund, gesagt: ›Wissen Sie, wir Hamburger sind eigentlich keine Deutschen. Wir haben eine hanseatische Tradition, skandinavische Sitten. Wir halten uns nicht für Deutsche.‹ – Ich erzählte ihm dann von meinem Gespräch in Baden-Baden und fragte: ›Wenn es wirklich wahr ist, daß weder die Badener noch die Hamburger Deutsche sind, sagen Sie mir, bitte, wo die Deutschen leben.‹ – Er entgegnete sehr ruhig: ›Fahren Sie in die DDR. Dort leben die Deutschen.‹«

Ich fahre mit dem Wagen durch Dörfer in der Umgebung von Neuruppin. Ich sehe keines der sonstwo üblichen Zeichen für den eingetretenen Wandel. Kein politisches Plakat wirbt für eine der neuen Parteien. Keine Reklame fordert auf zum Erwerb bestimmter Zigaretten oder Kaffeesorten. Die Häuser verfallen. Die Stallungen der landwirtschaftlichen Genossenschaft sind groß, stillos und wirken ungepflegt. Die Straßen sind völlig entleert. Hinter den Fenstern flakkert mit violettem Licht das eingeschaltete Fernsehgerät. Ich habe den Eindruck, der Herbst '89 habe nicht stattgefunden, die alte DDR existiere noch, regiert von der SED und dem Vorsitzenden Honekker. Die Vorstellung berührt mich wie eine eisige Hand.

Nachdem Hans Modrow Abgeordneter zum Deutschen Bundestag und Peter-Michael Diestel Fraktionsvorsitzender im Landtag von Brandenburg geworden war, ließen sich kaum noch Einwände dagegen finden, daß man Otto Wiesheu in Bayern zum Staatssekretär berief.

Es wird offensichtlich, daß in unserem Jahrhundert Revolutionen nur dann zu dauerhaften Ergebnissen gelangen, wenn sie friedlich verlaufen. Dies zeigte sich mit dem Ende der faschistischen Regime auf der iberischen Halbinsel, mit dem Ende der Obristen-Diktatur in Griechenland, mit dem Sturz der Diktaturen auf den Philippinen und in Chile, mit der überwiegend friedlichen Auflösung realsozialistischer Regimes in Ost-Europa. Instabilität herrscht lediglich dort, wo auch jetzt wieder Gewalt im Spiel war, etwa in Rumänien. Hingegen ist die auf friedlichem Weg zur Macht gelangte Corazon Aquino, der man von einem Mal aufs andere das rasche Scheitern prophezeite, immer noch wie selbstverständlich im Amt. Man muß den Eindruck bekommen, als sei, zweitausend Jahre nach ihrer Verkündigung und ausgerechnet in einer Zeit nachlassender religiöser Intensitäten, die Bergpredigt dabei, zum erfolgreichen Modell praktischer Innenpolitik zu werden.

In seinem als Buch erschienenen Interview teilt Erich Honecker mit, daß er seine Ablösung von den höchsten Staatsämtern der damaligen DDR und das politische Ende der DDR als Resultat grenzenüberschreitender Verschwörungen, des Verrats vermeintlicher Freunde und des internationalen Klassenkampfes sieht. Besonders deprimiert, daß er vom Inhalt seiner Worte offenbar gänzlich überzeugt ist.

Es gab kurz vor dem Ende der realsozialistischen Ordnungen in den davon betroffenen Ländern politische Anekdoten, die den nahen Zusammenbruch vorwegnahmen. Dazu gehört jene vom Kreml-Mausoleum, wo das Totenbett eines Morgens geräumt ist und lediglich ein handschriftlicher Zettel verblieb: »War alles ein Irrtum. Bin zurück nach Zürich. W. I. Lenin«. Oder jener modifizierte Marx-Ausspruch: »Proletarier aller Länder – verzeiht mir!« Ein hierher gehöriger Ausspruch hat den beunruhigenden Vorzug, original zu sein, nämlich diese Äußerung von Friedrich Engels: ». . . wenn das so fortgeht, so fürcht ich gar, daß der Herrgott mir meine Schriften übersieht und mich in den Himmel läßt.«

Die unbestreitbare Ausstrahlung des PDS-Vorsitzenden Gregor Gysi scheint mir nicht darin zu bestehen, daß er ein Sozialist, sondern darin, daß er ein Spieler ist.

Journalist und SED-Mitglied, da hat man es bei vielen DDR-Bürgern doppelt schwer, glaubwürdig zu sein.« Äußerten im Spätherbst 1989 zwei Thüringer Zeitungsleute. Da es inzwischen weder eine SED noch DDR-Bürger mehr gibt, werden sie sich wohl in dem Glauben wiegen, sie hätten ihre Glaubwürdigkeit zurück.

In einer Wochenzeitung lese ich über die Zustände an der Universität Leipzig. Dort waren nach einer Aufstellung vom Juni 1990 fast 81 Prozent aller amtierenden Professoren ehemalige Mitarbeiter der Staatspartei SED. Erzählt wird das Beispiel des Direktors im Institut für Physiologie, Bereich Medizin, Peter Schwarze. Er war bis zum Jahre 1980 SED-Parteisekretär gewesen und sei eingesetzt worden, da der vorherige Institutsdirektor verstorben war. Schwarzes fachliche Qualifikation sei von der Berufungskommission nicht diskutiert worden. Er selbst habe seinen Forschungen eine »Weltspitzenleistung« attestiert, während andere Wissenschaftler sie für durchaus banal hielten. Er sei Mitglied der früheren Volkskammer und des Beirates im alten DDR-Gesundheitsministerium gewesen. Seine Ehefrau sei

Direktor eines auf seine Initiative hin neugeschaffenen Instituts für Pathophysiologie geworden, seine beiden Kinder hätten an eben diesem Institut promoviert, mit den Eltern als Gutachtern. Erzählt wird das Beispiel des Direktors der Sektion Veterinärmedizin, Schwark. Er nutzte die eigentlich für Rinderstallungen vorgesehenen Gelder in Höhe von 195 000 Mark, um sich eine sogenannte Kulturbaracke am Stadtrand bauen zu lassen. Während die Rinderställe verkommen seien, habe man aus der entsprechend umfunktionierten Kulturbaracke heraus Jagden auf die universitätseigenen Damhirschherden veranstaltet. Nach dem Herbst '89 sei Schwark von Mitarbeitern der Sektion Tiermedizin in einer Beschwerde des Amtsmißbrauchs und der Inanspruchnahme ungerechtfertigter Privilegien beschuldigt worden. Resultat sei gewesen, daß Schwark durch die Universität mit der Untersuchung seiner eigenen Fehltritte beauftragt worden sei, während die hauseigene Universitätszeitung die Beschwerde als Verleumdung bezeichnete. Die daraufhin eingeschaltete Staatsanwaltschaft habe förmliche Gesetzesverstöße Schwarks festgestellt. Das Bildungsministerium in der Regierung de Maizière habe von der Universität gefordert, Schwark zu entlassen, woraufhin ihn die Universität aus gesundheitlichen Gründen und auf dessen eigenen Wunsch hin abberief. Erzählt wird das Beispiel des Mathematikprofessors Laßner, der am 9. Oktober 1989, als in Leipzig die für das weitere politische Schicksal der gesamten DDR entscheidende Massendemonstration stattfand, geäußert haben soll: »Und wenn es sein muß, muß auch geschossen werden. Wir haben ja alle das Schießen gelernt.« Erzählt wird, daß noch im Juli 1990 ehemalige Parteisekretäre, Parteileitungsmitglieder und Kommandeure der SED-Kampfgruppen zu ordentlichen Professoren und Dozenten berufen wurden, in Leipzig wie in anderen Universitäten auch. »Die immer wieder vertagte Selbstreinigung der Universität muß jetzt geschehen«, sagen die Verfasser des Artikels. Ihr Tonfall teilt mit, daß sie an den Vollzug ihrer Forderung selbst nicht glauben.

Andrzej Szczypiorski, aufgewachsen im von Deutschen besetzten Warschau, später Häftling im deutschen Konzentrationslager Sachsenhausen, tadelt die deutschen Gegner der deutschen Wiedervereinigung. Die Meinung, der einheitliche deutsche Staat sei gleichbedeutend mit einer politischen Bedrohung der übrigen Welt, gehe aus von der selbstverständlichen Überzeugung einer deutschen Besonderheit: »Als ob hier die Rede von Giganten, von Titanen und nicht von Durchschnittsmenschen wäre.« Die Meinung, daß man die Deutschen anders behandeln müsse als andere Völker, sei ein »Zeugnis nationalistischer Illusionen«.

Manchmal träume ich, daß ich aus der Haustür trete, und vor den Fenstern gegenüber weht wieder die Fahne mit dem Wappen von Hammer und Zirkel im Ährenkranz. Ich ziehe die Tageszeitung aus dem Briefschlitz. Sie ist im Umfange dünn. Ihre Schlagzeile berichtet vom letzten Plenum des Zentralkomitees der SED. Ich erkenne den Umriß meiner Nachbarin hinter der Fensterscheibe. Ich weiß, sie notiert jetzt für die sie beauftragende Behörde den genauen Zeitpunkt, da ich mein Haus verlasse. Heimlich lache ich über sie und ihr sinnloses Tun. Ich gehe bis zum nächsten Lebensmittelgeschäft, wo in den Fenstern schmutziges, halbwelkes Gemüse liegt. Die Preise im Laden sind niedrig. Das Angebot ist schlecht. Die Käufer äußern ihren Unmut in verächtlichen Bemerkungen. Nebenan beim Fleischer stehen in langer Reihe die Leute, sie warten auf sogenanntes Edelfleisch. Aus einem halbgeöffneten Fenster ertönt die monotone Stimme von Ministerpräsident Stoph. Am Stamm eines der Straßenbäume hängt ein handgefertigtes Plakat, es wirbt für einen Rentnernachmittag mit Kinderchor und Kuchen. Zwei Männer in Bauarbeiter-Overalls lehnen an einem Gartenzaun, jeder hält in der Hand eine geöffnete Flasche, die beiden betrinken sich. Mit überhöhter Geschwindigkeit fährt der Dienstwagen des Ortsbürgermeisters durch eine Pfütze, daß ich beiseite springen muß. Aus dem Halbdunkel einer Toreinfahrt tritt jetzt ein Mann. Er zeigt mir flüchtig seinen schmalen Dienstausweis und teilt mir meine vorläufige Festnahme mit.

Entdeckung bei der Lektüre des Erich-Honecker-Erinnerungsbuches »Der Sturz«: die Sprache. Sie ist grau, umständlich, kraftlos, manchmal peinlich burschikos, immer geprägt von einer quälend ins Leere laufenden Didaktik. Sie war die Sprache der gesamten alten DDR. Sie beherrschte fast sämtliche Zeitungen, Vorträge, den Ausbildungsbetrieb, die offiziellen Verlautbarungen, die veröffentlichten Dokumente zur Zeitgeschichte, die Gespräche in politischen Versammlungen, die Schulaufsätze der Kinder. Eine ganze Bevölkerung kommunizierte im Zungenschlag eines einzelnen Menschen. Sein Sprachstil wurde ebenso flächendeckend wie die Observation durch die von ihm zu verantwortende Geheimpolizei.

Dabei wird nicht ausgeschlossen«, erfahre ich in einem Bericht über den Kulturbetrieb, »daß die frühere SED-Frömmigkeit eine Qualität sei, die ihren Mann auch heute empfiehlt, sofern er sich geschickt gewendet hat.«

In Auseinandersetzungen um die geistigen Altlasten des SED-Regimes kehren diese Entschuldigungsformeln immer wieder: Wir haben von den Verbrechen nichts gewußt. Wir haben von den Verbrechen nichts wissen können. Wir haben nur immer das Beste gewollt. Man hat uns betrogen. Man hat unsere ehrliche Überzeugung mißbraucht. So schlimm waren die Dinge nun wieder nicht. Es gab doch auch manches Positive. Die Schuld für das Geschehene trägt allein die ehemalige Führung. Wir können uns nicht ewig Asche aufs Haupt streuen. Wir müssen den Blick nach vorne richten. – Dies alles sind exakt die Entschuldigungsformeln, mit denen die Deutschen des Jahres 1945 sich zu der soeben beendeten Herrschaft Adolf Hitlers verhielten.

Bei Richard Schröder, ostdeutschem Theologen und Sozialdemokraten, lese ich: »Es hat sich doch bei uns nicht die Überzeugung breitgemacht, Lügen und Betrügen und Bespitzeln seien gut. Vielmehr war unser Übel der zu hohe Preis für Aufrichtigkeit.« Ich lese: »Im Westen sind Helden genauso dünn gesät wie im Osten. Und wenn es um Moral geht, schneidet der Westen so glänzend nicht ab. Die Verhältnisse dürfen eben nicht wiederkehren, in denen für Selbstverständliches Heldenmut nötig war.«

In Leipzig, erfahre ich, hat der Finanzdezernent der neuen Stadtverwaltung, als es um die Vergabe eines größeren Grundstücks ging, grob eigenmächtig und zum Nachteil der Stadt gehandelt. Bei der Entscheidung, ob man ihn daraufhin entlassen solle, war zu bedenken, daß ein geeigneter Ersatz für ihn schwerlich zu finden sei, da es kaum jemanden gebe, der für so wenig Geld eine solche Arbeit verrichten wolle.

Das Wort Trauerarbeit klingt scheußlich. Wie alle sprachliche Scheußlichkeit ist es auch falsch. Obschon erfunden von dem Juden Freud im katholischen Wien, atmet es den Geist des Calvinismus. Der Begriff Arbeit setzt Willen und Anstrengung voraus. Er verheißt Belohnung und Abschluß. Er brüskiert das Gefühl. Er nimmt der Trauer das Metaphysische. Er wurde und wird genau dort zum Erfolg, wo man Trauer am liebsten verweigert. Er bestätigt jene Lüge, deren Widerlegung zu sein er vorgibt.

Aus den Stellengesuchen der im Axel-Springer-Verlag erscheinenden Berliner Morgenpost: »*Offizier, (ehem. MfS/Personen- und Objektschutz)* – 41 J., FS-Kriminalist, Führerschein Kl. III, Englischkenntnisse, ungekündigt, loyal, flexibel, belastbar, zielstrebig und selbständig arbeitend. Aufgabengebiet im MfS: Vorbeugende Suche und Identifizierung von SVG; Sprengmittelerlaubnis vorhanden. – *Ehem. MfS-Offiz.* 35 J., Kfz-Schl., FS-Jurist, FS Kl. III, Erfahr. in analyt. Tät. mit gewaltbez. Arb. gegenst., umschulungsbereit, Vertrieb, Banken, Sicherheit.«

Frage eines sächsischen Kindes unmittelbar vor der gesamtdeutschen Bundestagswahl im Dezember 1990: »Vati, wenn wir jetzt zum drittenmal Onkel Helmut wählen, sind wir dann endlich Wessis?«

II

Anmerkung eines Israeli zu den neuen deutschen Zuständen: »Da haben die Deutschen sechs Millionen Juden abgeschlachtet, und jetzt sieht es so aus: Das war's dann.«

Beim Wiederlesen meiner Tagebuch-Notizen aus dem Sommer 1990 treffe ich auf das Zitat: »In Sachen deutscher Vereinigung sind alle Novizen.« Dieser Ausspruch der Publizistin Cora Stephan ist von bemerkenswerter Weisheit. Noviziate dauern mindestens ein Jahr, eher drei Jahre. Nach dem Ende des Noviziats wird eingeschworen. Erst nach nochmals drei Jahren wird die Zusammengehörigkeit ganz vollzogen.

Es ist von einiger Aussagekraft, wenn ein langjähriges Mitglied der Rote Armee Fraktion, ausgewiesen als Killer, die Zeit seines Aufenthaltes in der DDR als die besten Jahre seines Lebens bezeichnet.

Erstmals seit sehr langer Zeit zu Fuß die frühere Luisenstraße hinab, vom Brandenburger Tor Richtung Charité. Die Sichtblenden nach Westen sind eingerissen. Das Gebäude des Reichstags ist schamlos nah. Eine Wohnhauszeile, eben fertiggestellt, DDR-Postmoderne, wie lustlos. Das einsame, strahlend renovierte Geschäftshaus ist eine Apotheke. Geschäftliche Neugründungen hinter armseligen Fassaden, als bestünden sie seit Jahren. Das ehemalige Staatssekretariat für Kirchenfragen ist wieder veterinärmedizinisches Universitätsinstitut. Geruch der Apathie. Die Akademie der Künste gleicht einem verfaulten Mausoleum. Hundedreck. Betriebsamkeit vorm Krankenhaus, Leute in achtloser Kleidung, ein paar weiße Kittel. Vor der Einmündung in die Invalidenstraße staut sich Autoverkehr. Der neue Charité-Turm ist proportionslos, viel zu hoch. Trümmer, Baugerüste, zerfetzte Reklamen. Ich muß an Downtown Manhattan denken.

Wandlitz«, lese ich, »war wahrlich nicht die Elbchaussee: die Nomenklatura des Westens verbäte sich das Privileg, in einem derart popeligen Bonzengetto einquartiert zu werden.«

Bei einer Podiums-Diskussion in Leipzig gab es erstmals öffentliche Schuldbekenntnisse. Gleich gab es sie in Menge. Dies machte den Eindruck von modischem Flagellantismus, der, wenn die modische Trotzbehauptung des kollektiven guten Gewissens in der ehemaligen DDR erst abgenutzt ist, unser flächendeckendes Schicksal zu werden verspricht.

Für die Probleme, die sich aus der deutschen Einheit ergeben«, lese ich, »sind laut Kohl keine zusätzlichen steuerlichen Belastungen erforderlich. Bitterfeld liegt ja nicht in Deutschland, sondern in der Umwelt.«

Zeitungsbericht: Der Zahnarzt Peter Markula aus Cottbus hatte 1988 ohne staatliche Erlaubnis die DDR verlassen. Er hinterließ ein neugebautes Einfamilienhaus auf 2 600 Quadratmeter großem Grundstück, das von der Stadtverwaltung beschlagnahmt und zum Preise von 160 000 Mark der DDR verkauft wurde an den Chefarzt Dieter Müller. Hierbei seien, heißt es, die guten Beziehungen Müllers zur SED-Bezirksleitung maßgeblich gewesen. Im Herbst 1990 versuchte Zahnarzt Markula, sein Eigentum zurückzuerhalten. Er strengte zu diesem Zweck eine Klage vor dem Kreisgericht Cottbus an. In der Verhandlung bestand Chefarzt Müller weiterhin auf der Rechtmäßigkeit seines Kaufes. Der damalige Leiter der Finanzabteilung, die den Verkauf veranlaßt hatte, ist inzwischen Oberbürgermeister. Auch die anderen damals mit der Sache befaßten Personen sind ausnahmslos weiterhin in der Cottbuser Stadtverwaltung beschäftigt. Die Zivilkammer des Kreisgerichtes erklärte sich als nicht zuständig für den Fall und wies die Klage von Zahnarzt Markula ab.

Von außerordentlicher Weisheit geprägt war die verbale Verwechslung, die einem Programmsprecher im ostdeutschen Radio unterlief, als er kurz vor den Bundestagswahlen vom Dezember 1990 mitteilte: »Für den Inhalt der Parteien sind die Werbespots verantwortlich.«

Eine Gruppe der Bürgerbewegung nahestehender Jugendlicher, in Leipzig wohnhaft, verfertigte Transparente, die äußerlich Spruchbändern der Honecker-Ära ähnelten. Weiße Aufschriften auf rotem Stoffgrund kündeten: »Vorwärts zum 42. Jahrestag der BRD!« Oder: »Die Lehre von Ludwig Erhard ist richtig, weil sie wahr ist!« Oder: »Weiter voran unter dem Banner von Adenauer, Erhard und Kohl!« Die Transparente sollten vorgezeigt werden bei einer Demonstration, auf der Leipziger Ringstraße, an einem Montag, in Erinnerung an jene Protestzüge, mit denen die alte DDR gestürzt worden war. Die Transparente blieben ungezeigt. Die Demonstration fiel aus wegen Mangel an Teilnehmern. Ein Streik der Reichsbahn verhinderte, daß die vereinbarte personelle Verstärkung von außerhalb rechtzeitig eintraf.

Erinnerungen an die alte DDR. In einem Vorratsschrank finde ich ein kleines Döschen mit der Warenaufschrift »HSL 1913100 NAKA. VEB Gewürzmühle Leipzig im VEB Kombinat Nahrungsmittel und Kaffee«. Bei dem Inhalt des Döschens handelte es sich um Kapern.

Der Manager einer großen Versicherungsanstalt berichtet, für die geplante Erweiterung seiner Organisation in den fünf neuen Bundesländern habe er Personal über eine Stellenanzeige gesucht. Zu seinem Erstaunen hätten sich ausschließlich ehemalige Angehörige der DDR-Staatssicherheitsbehörden sowie dechargierte Offiziere der Nationalen Volksarmee gemeldet. Die Erklärung für diesen Bewerberkreis lieferte der Wortlaut der Stellenanzeige. Es war darin vom Aufbau einer »General-Agentur« die Rede.

Hermann Kant, Schriftsteller der ehemaligen DDR und flottester Zyniker der deutschen Gegenwarts-Belletristik nach Arnolt Bronnen, äußerte in einem Zeitungsinterview, das beste an der DDR sei der Traum gewesen, den man von ihr hatte, und das schlechteste an ihr, daß es sie nicht mehr gebe. In Wahrheit verhalten sich die Dinge genau umgekehrt.

In einem Verkaufsgeschäft der fränkischen Stadt Hof, die nahe zur ehemaligen DDR liegt und dem von dorther eindringenden Einkaufstourismus in besonderem Maße ausgesetzt ist, wurde eine Verkäuferin, die aus Sachsen stammte, von der Firmenleitung aufgefordert, ihren Dialekt zu unterdrücken und Hochdeutsch zu lernen, mit der Begründung, Sächsisch sei geschäftsschädigend.

Veränderungen nach der deutschen Einheit. Ich erhielt Besuch eines alten Freundes aus Bayern. Früher redeten wir bei solchen Zusammentreffen über Tod und Leben, über Unfreiheit, über Kunst, über Kommunismus, über die Unerforschlichkeiten der slawischen Seele. Diesmal redeten wir etwas über Politik, dann bloß noch über Immobiliengeschäfte, Steuerprogressionen, Abschreibungssummen, Investitionszulagen, Reisepauschalen, Freibeträge, Wertermittlung und Anlageberater.

Man hat angemerkt, die Wirtschaft der ehemaligen DDR werde derzeit von zwanzigjährigen Yuppies mit vierzigjähriger Berufserfahrung übernommen.

Im Fernsehen läuft eine Dokumentation über die Jagdgewohnheiten der alten DDR-Nomenklatura. Daß die Schorfheide vor dem Staatsratsvorsitzenden Honecker bereits Kaiser Wilhelm und Marschall Göring als weidmännisches Territorium diente, läßt erkennen, in welcher Nachfolge man sich verstand. Die Wälder sind inzwischen von Wild völlig überbesetzt, um das zehnfache der zulässigen Menge. Ich erinnere mich an Fahrten durch Mecklenburg, wo Rehe in riesigen Rudeln auf Feldern mit Herbstsaat standen. Der Fernsehfilm zeigt einen mit weißer Keramik ausgekleideten Keller. Leere Fleischhaken hängen an der Wand. Auf dem Boden liegen um die hundert Geweihe, sinnlos geordnet. Ein Förster erzählt von den Jagdgewohnheiten der hohen Herren. Sie seien exzellente Schützen gewesen, doch keine Heger. Es sei ihnen bloß um das Schießen gegangen, um das Töten. Ein riesiges Silo wird gezeigt, mitten im Forst. Hier wurde Futter für das Wild gelagert. Täglich war eine Tonne auszugeben, die Tiere sollten zutraulich werden und dadurch leichter vorzuführen sein. Das Schießen erfolgte, allem Komment zuwider, aus dem Wagen. Sie behandelten das Jagdwild wie ihre Untertanen. Sie behandelten ihre Untertanen wie das Jagdwild.

In Ungarn ist die Verbrechensrate im ersten Halbjahr 1990 um 40 Prozent gestiegen, die Zahl der Einbrüche hat sich um 65, die der Diebstähle um 54 Prozent erhöht. In Polen stieg die Kriminalitätsrate um 70 Prozent an. Der Wenzelsplatz in Prag, das Heiligtum der tschechischen Unabhängigkeit, heißt im Volksmund »Platz der Taschendiebe«.

Ein schönes Zeugnis für Erfahrungen im Realsozialismus selbst bei führenden Angehörigen der Nomenklatura liefert dieser Ausspruch des ehemaligen bulgarischen Staats- und Parteichefs Todor Schiwkoff: »Wenn ich es noch mal machen müßte, dann nicht mehr als Kommunist, und wenn Lenin noch lebte, würde er genau dasselbe sagen.«

Seit dem Datum der deutschen Einheit, lese ich, zeigen sich auf dem Gebiet der fünf neuen Bundesländer vermehrt Stadtstreicher und Obdachlose. Ihre bevorzugten Aufenthaltsorte sind zum Beispiel Magdeburg und Berlin. Für Leipzig liegen Schätzungen vor, wonach die Zahl der Angehörigen dieses Personenkreises innerhalb der Stadt auf 400 zu beziffern sei. Eine der wenigen Institutionen, die sich um solche Menschen kümmern, ist die Diakonie der evangelischen Kirchen. Auch der erste städtische Beauftragte für die Nichtseßhaften in Leipzig ist ein ehemals kirchlicher Mitarbeiter. Er drängt auf die Fertigstellung eines ersten Asyls, einer aufgelassenen Villa, die etwa 50 Betten bereitstellen wird. Die anderen Obdachlosen werden weiterhin dort nächtigen müssen, wo sie vorerst allesamt nächtigen, das ist in Abrißhäusern, in abgestellten Eisenbahnzügen oder in der stinkenden Herrentoilette des Leipziger Hauptbahnhofs. Ein charakteristisches Schicksal aus jener Personengruppe ist das des Enrico I., 21 Jahre alt. Sommer 1989 floh er aus der alten DDR über Ungarn, lebte zunächst in Frankfurt, später in München, probierte sich in mehreren Berufen und scheiterte darin. Er wurde vom Heimweh überwältigt und kehrte nach Leipzig zurück. Er fand keine Unterkunft und keine Arbeit. Sein einziger Besitz ist ein Schlafsack. Oder Rudolf P. Er lebte 30 Jahre lang in der gleichen Wohnung, dann wurde das zugehörige Haus abgerissen, Rudolf P. lud einige seiner Habseligkeiten in einen Kunststoffbeutel, den er seither ständig mit sich führt, denn er fand keine neue Bleibe. Er ist 71 Jahre alt. Er zeigt auf seine Jakkentasche und sagt: »Hier oben drin hab' ich die einzige Hoffnung, auf die ich mich verlassen kann.« Bei dem Inhalt der Tasche handelt es sich um eine Rasierklinge.

In einem Kommentar zu Enthüllungen über vermeintliche oder tatsächliche Zuarbeiten, welche Angehörige der neuen politischen Klasse in Deutschland dem früheren Ministerium für Staatssicherheit der DDR leisteten, entdecke ich Worte des Erstaunens darüber, daß »der tote Geheimdienst eines nicht mehr existenten Landes immer noch Wirkung« zeitige. Die Lösung des Rätsels besteht darin, daß jener Geheimdienst eben nicht tot, sondern bloß untot ist. Seine Mitglieder führen demgemäß eine zwanghafte Existenz als Vampire, mit der bekannten Eigenart, unschuldige Menschen heimlich zu überwältigen, auszusaugen und zu infizieren. Als oberster Untoter macht der zuzeiten auf dem transsilvanischen Balkan ansässige Markus Wolf als Graf Dracula eine ausgezeichnete Figur.

Es fällt mir auf, daß jetzt, Ende des Jahres 1990, eine einstige Lieblingsvokabel des sterbenden ostdeutschen Staates, das Wort von der DDR-Identität, völlig aus dem Sprachgebrauch verschwunden ist. Das hat nicht so sehr damit zu tun, daß es die DDR nicht mehr gibt, sondern damit, daß es sich um ein Synonym handelte für das Wort Pfründe.

In einem Zeitungsbericht über die gegenwärtigen Zustände in Polen lese ich diese Sätze: »Wo früher der Parteisekretär unumschränkt herrschte, hat heute oft der lokale Chef der Solidarność die Macht. Souverän hievt er Freunde und Vertraute in wichtige Positionen und verteilt Privilegien unter sie. Statt des Parteibuchs der KP gilt nun der Entlassungsschein eines der Internierungslager, in die General Wojciech Jaruzelski in der Zeit des Kriegsrechs 1981 die Opposition sperren ließ.« Der Bericht fährt fort mit der Anmerkung, daß viele Polen dem inzwischen vom Amt des Präsidenten demissionierten Jaruzelski »schon fast wieder nostalgisch nachtrauern«.

In geringfügiger Abwandlung eines Ausspruchs von Theodor W. Adorno ist der deutsche Kommunist ein Mensch, der keine Lüge aussprechen kann, ohne sie selbst zu glauben.

Der evangelische Bischof von Berlin-Brandenburg, Gottfried Forck, erzählt, wie er kurz nach den Volkskammerwahlen vom März 1990 in der damaligen DDR mit einem Taxi vorfuhr. Er fragte den Fahrer nach der Art von dessen Votum, worauf diese Antwort erfolgte: »Ich habe Kohl gewählt.« Forck sagte: »Dann haben Sie also de Maizière gewählt.« Der Fahrer entgegnete: »Den kenne ich gar nicht.« Im Lichte der inzwischen gemachten politischen Erfahrungen muß jenem Taxifahrer ein höchstes Maß an politischer Weisheit zugebilligt werden.

Eine große Wochenzeitung druckt in zwei Fortsetzungen eine Rede von Egon Bahr zum deutschen Problem. Bei ihrer Lektüre erinnere ich mich einer Diskussion, die ich mit diesem Politiker hatte, kurz vor dem 17. Juni 1989, in einem Hörfunkstudio des Südwestfunks Baden-Baden. Anwesend waren außerdem ein Redakteur des Senders und der Schriftsteller Martin Walser. Egon Bahr begann das Bespräch vor dem Mikrofon damit, daß er sagte, alles Reden über die deutsche Wiedervereinigung sei nach der Errichtung des gemeinsamen westeuropäischen Binnenmarktes ein Verstoß gegen Geist und Buchstaben der römischen Verträge. Ich riet daraufhin, man solle vor dem Bundesverfassungsgericht eine Klage anstrengen, ob die römischen Verträge mit dem westdeutschen Grundgesetz und seiner Präambel überhaupt vereinbar seien. Im Bewußtsein unserer belletristischen Ohnmacht formulierten Walser und ich unsere nostalgischen Überzeugungen von der unverzichtbaren Möglichkeit eines einheitlichen deutschen Staates. Egon Bahr nannte die deutsche Zweistaatlichkeit friedensfördernd und wiederholte das bekannte Argument, die rituellen Einigungsbekundungen der westdeutschen Politik seien deren politische Lebenslüge. Seine Sätze besaßen eine in sich logische Geschlossenheit und eine durch vielfache Wiederholung eingeübte Schärfe. Um so erstaunter war ich, daß, als nach dem Fall der Berliner Mauer die rasche deutsche Einigung offenbar wurde, Egon Bahr sich alsbald öffentlich vernehmen ließ, mit eben diesem Vorgang gingen ein persönlicher Herzenswunsch und sein wichtigstes politisches Ziel in Erfüllung. In seiner jetzt abgedruckten Rede sagt Egon Bahr, daß »Anpassung gesünder, lukrativer, jedenfalls bequemer« sei. Er hat ja so recht.

Jeder politische Aufstieg«, lese ich, »ist fast immer ein moralischer Abstieg.«

Am 16. Dezember 1990 wurde auf dem Gelände des ehemaligen Konzentrationslagers Sachsenhausen bei Oranienburg eine Gedenktafel für die dort während der Hitlerherrschaft ermordeten Sinti und Roma enthüllt. Es waren Vertreter der evangelischen Kirche anwesend. Es sprachen Vertreter von Organisationen der Zigeuner. Das ostdeutsche Fernsehen zeigte ausführliche Aufnahmen. Auch die Tafel rückte ins Bild. Man konnte ihre Aufschrift lesen, bei der die Toten als Opfer einer verfehlten Denkweise beklagt wurden. Es stand dafür das Wort *Idiologie*. Die höhnische Empfindungslosigkeit, mit der man diesen doppeldeutigen orthographischen Fehler vorwies und gleich danach wieder die redenden Roma-Vertreter zeigte, war der Beweis, daß man, den geäußerten Worten zum Trotz, nichts begriffen und nichts gelernt hatte.

Unmittelbar nach dem Ende des letzten Krieges war auf Plakatwänden und Mauern in der damaligen Sowjetischen Besatzungszone ein Ausspruch von J.W. Stalin zu lesen: »Die Hitler kommen und gehen, aber das deutsche Volk, der deutsche Staat bleiben.« Man hat zu Recht festgestellt, daß sich die unzweifelhafte Wahrheit dieses Spruches zuletzt gegen seinen Urheber, mehr noch gegen den Staat, den er geschaffen, triumphal durchgesetzt habe.

Nach jeder Niederlage kommen«, lese ich, »die Berater.«

Zu den Dingen, wert, aus der alten DDR in die neue Wirklichkeit herübergerettet zu werden, gehört eine Bemerkung, die der Volkammmer-Abgeordnete Claus für einen bestimmen Typ von politischer Rede fand. Er verglich sie mit dem »Schwert Karl des Großen« und sah diese Übereinstimmungen: »Sehr lang, sehr breit, aber auch sehr flach.«

Ich stelle mir vor: Am 9. Oktober 1989 kam es im Zusammenhang der Leipziger Montagsdemonstration, der bisher größten ihrer Art, zu blutigen Zwischenfällen. Einheiten der DDR-Volkspolizei versuchten, die Marschsäule aufzuhalten. Als dies nicht gelang, wurde aus Maschinenpistolen in die Menge geschossen. Aus den Seitenstraßen fuhren Panzer auf den Ring und verhinderten den Weitermarsch. Auch auf dem Karl-Marx-Platz kam es zu Schießereien. Jugendliche lieferten sich einen förmlichen Bürgerkrieg mit Angehörigen von Betriebskampfgruppen. Am Ende gab es 17 Tote und 312 Verwundete, die in die Leipziger Krankenhäuser eingeliefert wurden, zwei der Toten und 67 der Verwundeten waren Angehörige der Ordnungsmacht. Etwa sechshundert Personen wurden verhaftet, die meisten kamen nach Feststellung der Personalien wieder frei. Anderntags erfolgten in verschiedenen anderen DDR-Städten, darunter Berlin und Dresden, Sympathiekundgebungen von Bürgerrechtsgruppen, die rasch aufgelöst wurden. Auch hier gab es Festnahmen. Blut floß keines. Mehrere evangelische Kirchen, besonders in Berlin, veranstalteten Mahnwachen. In den Medien der DDR erfolgten jetzt öffentliche Bekundungen des Einverständnisses mit den Maßnahmen des 9. Oktober in Leipzig. Künstler, Wissenschaftler, Sportler, Arbeiter und Bauern äußerten die Sätze: *Wir haben lange genug Geduld gezeigt!* und *Dem Gegner keinen Fußbreit Boden!* Im Ausland brach ein Sturm der Empörung und des Abscheus los, in Berlin (West) und Frankfurt/Main gingen Tausende in Schweigemärschen auf die Straße, Zeitungen verglichen die Ereignisse in Leipzig mit jenen in Peking, man sprach vom *Himmlischen Frieden an der Pleiße.* Auf der Buchmesse in Frankfurt wurden die Stände der DDR-Verlage von Besuchern gemieden, bei Gastspielen von DDR-Künstlern in Hamburg und Düsseldorf kam es zu Boykottaufrufen konservativer Zeitungen, was sofort die linksliberale Presse auf den Plan rief, die ihren Widerstand gegen solchen *Ersatzkrieg* mitteilte und an den unsinnigen Brecht-Boykott der fünfziger Jahre erinnerte. Linke Zeitschriften der Bundesrepublik fingen an, das Eingreifen der DDR-Ordnungsmacht in Leipzig mit der *Frontsituation der DDR* vorsichtig zu erklären und als *bittere Notmaßnahme im Klassenkampf* förmlich zu entschuldigen. Künstler begannen, den 9. Oktober von Leipzig als ästhetisches Ereignis zu bedenken, sie zogen Vergleiche mit dem Bürgerkrieg in Sowjetrußland zu Anfang der zwanziger Jahre. Januar 1990 eröffnete das Oberste Gericht der DDR einen Prozeß gegen die *fünf Rädelsführer von Leipzig*, zwei evangelische Kirchenleute, zwei Studenten, eine Musikerin. Während der Beweisaufnahme wurde die aktive Diversion ausländischer Presseleute in der DDR und der gezielte Einsatz westlicher Geheimdienste immer wieder hervorgehoben. Die Urteile gegen die Angeklagten lauteten schließlich auf Freiheitsstrafen unterschiedlicher Höhe. Abermals kam es zu massiven öffentlichen Protesten in West-Europa, die internationalen Schlagzeilen wandten sich danach wieder verstärkt den Geschehnissen im Nahen Osten zu. Angesichts der zuweilen chaotischen inneren Verhältnisse in anderen Ländern des Warschauer Paktes begann man vereinzelt damit, die in der DDR seit dem Oktober '89 herrschende politische Ruhe beifällig hervorzuheben. Eine Tagung des ZK der SED rückte in den Text ihres Kommuniqués die Versicherung, daß man keine Rückkehr zum Stalinismus betrieben habe und betreiben wolle. Der für ein halbes Jahr völlig zum Erliegen gekommene Polit-Tourismus aus der Bundesrepublik in die DDR lebte wieder auf. Erste prominente Besucher waren Max Streibl und Wolff v. Amerongen. Präsident Mitterrand holte seinen Staatsbesuch in Ostberlin (den er wegen der Leipziger Ereignisse verschoben hatte) mit sechsmonatiger Verspätung nach. Bei einer Tischrede im Schloß Niederschönhausen gab er seiner Sympathie mit den Opfern des 9. Oktober Ausdruck. Die Tageszeitung *Neues Deutschland* druckte den übersetzten Text seiner Rede im vollen Wortlaut. Zum Abschied verlieh Staatsratsvorsitzender Erich Honecker an François Mitterrand einen der höchsten Orden des Landes, *Stern der Völkerfreundschaft*.

In einer autobiographischen Rückerinnerung lese ich den Satz, man könne nicht stolz darauf sein, was man damals geschrieben habe, man könne höchstens stolz darauf sein, was man damals nicht geschrieben habe. Die Rückerinnerung gilt der Zeit von Hitlers Drittem Reich und ist nicht der einzige Beispielsfall, da die braune und die rote Diktatur in Deutschland miteinander übereinstimmen. Die andere Übereinstimmung besteht dann noch darin, daß sich zu dem hier zitierten Satz bloß eine Minderheit der Schreibenden bekennen dürfte, die in der Regel zugleich die weniger erfolgreichen sind.

Die Zeile *Deutschland, einig Vaterland*, unter die sich die Bestrebungen zur nationalen Einheit nach dem Herbst 1989 in der DDR gestellt hatten, entstammte der Nationalhymne der DDR. Ihren Text hatte verfaßt der 1958 verstorbene Johannes R. Becher, ein wegen seiner charakterlichen Mängel und literarischen Schwächen vielfach umstrittener Lyriker. Der nationalen Einheit nach dem Herbst 1989 widersprach der Aufruf zum Fortbestand einer separaten DDR, *Für unser Land*, den die Schriftstellerin Christa Wolf verfaßt hatte und der bereits wenige Wochen später nur mehr historische Makulatur war. Nicht zu Unrecht hat man deswegen festgestellt, der tote Johannes R. Becher habe die lebende Christa Wolf besiegt.

Man erzählt mir diese Geschichte: Ein Berliner Schauspieler-Ehepaar, bekannte Leute, auch vor dem Fall der Mauer häufig zu Gastspielen im europäischen Westen, beschäftigte seit vielen Jahren eine Zugehfrau, eine anhängliche und zuverlässige Person. Die Frau hatte ein halbwüchsiges Kind, ein Mädchen, das an Leukämie erkrankt war. Es wurde in der Berliner Universitätsklinik behandelt, bis es starb. Zur Beerdigung waren die beiden Schauspieler anwesend. Die DDR wurde älter. Im Herbst des Jahres 1989 hielt sich das Ehepaar zu Filmarbeiten im Ausland auf. Als es heimkehrte, befand sich die DDR bereits in Auflösung. Die Schauspieler entdeckten, daß ihre Zugehfrau nicht mehr erschien.

Sie suchten nach ihr und fanden ihre Wohnung verschlossen, Nachbarn waren nicht in der Lage, Auskunft zu geben. Die beiden Schauspieler vermuteten, daß die Frau sich einer Fluchtaktion über Warschau, Prag oder Budapest angeschlossen habe. Im Februar 1990 stand eines Abends die Frau vor der Wohnungstür der Schauspieler. Man bat sie herein. Sie machte einen bedrückten Eindruck. Sie war damals tatsächlich geflohen, nach Schwaben, sie hatte dort eine gute Stellung. Die Frau äußerte sich nicht über ihre Gründe. Sie wurde von ihren Gastgebern nicht nach den Gründen gefragt. Der Abend verging. Man erzählte Geschichten und spekulierte über die Zukunft. Der Schauspieler brachte die Frau zur Tür. Hier, im Halbdunkel, machte die Frau eine Mitteilung. Sie sei jahrelang Mitarbeiterin der Staatssicherheitsbehörde gewesen, sie hätte in deren Auftrag das Ehepaar ausspioniert. Die Staatssicherheitsleute hätten sie erpreßt, indem sie für das leukämiekranke Kind eine besonders sorgfältige Behandlung versprachen, mit sonst in der DDR nicht erhältlichen Medikamenten. Dies alles zu sagen, fühle sie sich jetzt verpflichtet. Schließlich, die beiden Schauspieler seien immer sehr gut zu ihr gewesen. Sie seien auch damals zur Beerdigung des Kindes gekommen. Die Frau weinte etwas bei ihren Worten. Sie schien zugleich erleichtert und ging dann durch die Dunkelheit davon.

In einem Zeitungsartikel lese ich die Wendung von der »Politisierung des Unpolitischen durch die Phrase«. Das ist auf Westdeutschland gemünzt und auf die zehn Jahre nach 1968, aber es trifft noch viel zuverlässiger die vierzig Jahre der DDR.

Im Jahre 1965 durfte ein Entertainer namens Heinz Quermann öffentlich Possen reißen über politisch mißliebig gewordene Lyriker aus der DDR. In dem Publikum, das ihm Beifall zollte, saßen die höchsten Repräsentanten des ostdeutschen Staates. Vierzehn Jahre später, als unter unwürdigen Umständen zehn politisch mißliebig gewordene DDR-Schriftsteller aus ihrem Berufsverband gestoßen wurden, gehörten zu jenen, die der Aktion demonstrativ öffentlichen Beifall spendeten, die DDR-Folk-Schnulziers Hauff/Henkler und der DDR-Tenor Peter Schreier. Als im Dezember 1990 das ostdeutsche Fernsehen Eingang fand in das Gemeinschaftsprogramm der ARD, wirkten bei den ersten in diesem Zusammenhang ausgestrahlten Sendungen die Künstler Quermann, Hauff/Henkler und Schreier mit. Endlich weiß ich, was gemeint ist, wenn Errungenschaften aus der früheren DDR eingebracht werden sollen ins geeinte Deutschland.

Östlich der Elbe ist roter Stoff als politisches Signal aus guten Gründen gänzlich verpönt. Ich werde den Verdacht nicht los, daß der Regierende Bürgermeister von Berlin, Walter Momper, seine vernichtende Wahlniederlage vom Dezember 1990 der Wirkung seines demonstrativ getragenen roten Schales verdankt.

Eine große Utopie«, lese ich, »erstarrt zu einer Institution und geht in dem Machtapparat, den sie sich selbst geschaffen hat, unter.«

Ich fahre mit dem Wagen von Wittenberge zur ehemaligen innerdeutschen Grenze. Ich komme durch Dörfer, die im steinigen Sperrgebiet lagen. Seit dreißig Jahren gehen sie einem unaufhörlichen, unaufhaltsamen Zerfall entgegen. Die Straße ist holperig, sie ist überzogen von Schlamm. Dämmerung. Ich fahre an alten Bauernhäusern vorbei. Die Dächer sind eingesunken. Vor den Fenstern hängen keine Gardinen, innen brennen bräunlich die Lampen, ich erkenne ausnahmslos alte Leute. Ich fühle mich erinnert an Schilderungen der russischen Provinz im 19. Jahrhundert, Gontscharow, Tschechow, das Elend ist trostlos, und die Trostlosigkeit ist das Elend. Ich halte am Elbufer. Die Anlegestelle ist neu angeschüttet worden. Ich muß lange warten. Es schneit jetzt. Hinter mir stauen sich die Lieferfahrzeuge westdeutscher Lebensmittelhändler. Die Fähre legt an, ich kann auf das Deck fahren. Das Personal ist vermummt, wegen der Kälte. Es zeigt sich wortkarg. Die Aufschriften an Bord sind allesamt niederländisch. Die Fähre legt ab. Im Wasser erkenne ich die bizarren Reste von Brücken. Die Lichter, von denen ich mich entferne, gehören der Ortschaft Dömitz. Ich muß meine literarischen Assoziationen korrigieren. In der Festung Dömitz hat nach 1836 der Schriftsteller Fritz Reuter eingesessen als politischer Häftling.

Denn wenn ich den Mund früher nicht hielt war das Täuschung und hielt ich ihn war das Täuschung denn es täuschte vor ich hielte ihn nicht.« (Rainer Kirsch)

In den Kammerspielen des Ostberliner Deutschen Theaters läuft das fünfte Jahr »Sturmgeselle Sokrates« von Hermann Sudermann. Das Lustspiel um ein paar alt gewordene Achtundvierziger, die ihre umstürzlerischen Ideale entgegen der stärkeren Wirklichkeit des Bismarckstaates komisch hochhalten, war, als Honecker noch regierte, eine böse Parabel auf die lächerlich und korrupt gewordenen Ex-Revolutionäre an der Staatsspitze. Jetzt wirkt es wie ein Grabgesang auf die politischen Idealisten vom Herbst '89, und die das Stück beherrschende politische Omnipräsenz des Deutschen Kaiserreichs ist wie eine Metapher für das von Bonn dominierte Gesamtdeutschland. Es gibt Kunstwerke, die bei den unterschiedlichsten politischen Konstellationen wahr erscheinen. Ihre Verfasser haben, auch ästhetisch, mit der Trivialität zu tun.

Im altchinesischen Mondkalender wird das erste Jahr nach Aufgabe der DDR-Selbständigkeit das Jahr des Schafes sein.

III

Vom Kommunismus befreit man sich wie von einer Neurose.« (Ignazio Silone)

Daß die eher als absolute politische Gegensätze empfundenen Politiker Jaruzelski und Mazowiecki im beinahe gleichen Augenblick demissionierten, hat seine tiefe historische Begründung. Bei beiden Personen handelt es sich um die Abkömmlinge von polnischen Kleinadelsgeschlechtern, die im 19. Jahrhundert verarmten.

Die Bezeichnung »Interplak-Zahnbelag-Entfernungs-Instrument« für eine elektrisch betriebene Zahnbürste erinnere lebhaft an den Wortschatz der versunkenen DDR, erfahre ich in einem Text und erkenne dankbar, daß es doch noch etwas gibt, das der einstige SED-Staat als Errungenschaft in das geeinte Deutschland hat einbringen können.

Ich komme an der Mainzer Straße in Ostberlin vorüber. Die Barrikaden und Straßensperren sind längst abgeräumt. An den Mauern kann noch, wer will, die Spuren der Auseinandersetzung vom Jahresende 1990 erkennen: Einbruch der Gewalt in eine gesellschaftliche Wirklichkeit, die hergestellt worden war durch den gewaltlosen Wandel. Wurde damit der Revolution die Gewalt nachgereicht? Wer, unter der Berufung, daß gewaltlose Revolutionen ein Unding seien, so argumentiert, mißachtet diese näherliegende Erklärung: Der Aufstand vom Herbst 1989 stürzte ein Regime, das sich ausschließlich durch die Gewalt definierte. Es konnte erfolgreich nur unterlaufen werden durch Gewaltlosigkeit.

In der liebevollen Frage«, lese ich, »an die Bewohner der neuen Bundesländer, wie es ihnen denn so ginge, ist die Routine nicht zu überhören, wie sie etwa Krankenhausärzten während der morgendlichen Visite eigen ist.«

Zu den Enttäuschungen des Warenangebots nach dem Juli 1990 in Ostdeutschland gehört, daß die Lebensmittel zahlreicher, farbiger, vielfältiger und im Geschmack sehr viel fader sind als jene aus der guten alten DDR.

Die zum Teil blutigen Auseinandersetzungen um Hausbesetzer Ende 1990 waren auch, wie fast alle umstürzlerischen Ereignisse, Ausdruck eines Generationskonflikts. Er richtete sich gegen die Sieger von 1989, die ihrerseits das SED-Regime der regierenden Großväter gestürzt hatten. Immer war es dabei um die gesellschaftliche Dominanz gegangen. Die Angreifer von 1989 rekrutierten sich aus den Fünfzigjährigen, jene von 1990 aus deren Kindern.

Der Buddhismus behauptet, der Mensch werde nur frei durch Verzicht. Danach wären die Staaten Ost-Europas tatsächlich gewesen, was sie immer zu sein behaupteten, nämlich frei. Man hätte von Ländern des real existierenden Buddhismus reden sollen.

Nachdem die Einführung der D-Mark die Ostdeutschen nicht von ihren wirtschaftlichen, die Herstellung der staatlichen Einheit nicht von ihrer politischen Zurückgebliebenheit erlösen konnte und ein rasches Ende dieser Situation für die nächsten Jahre auch nicht abzusehen ist, werden sie sich andere Lösungen ihrer Probleme einfallen lassen müssen. Eine Minderheit wird ihnen durch die Flucht entkommen wollen. Der größere Rest wird, da man mit einem negativen Selbstbewußtsein auf die Dauer nicht leben kann, die vorhandenen Nachteile zu Tugenden stilisieren. Bescheidenheit, Leiderfahrung und das Bewußtsein, stellvertretend für die gesamte Nation die moralischen und ökonomischen Lasten des verlorenen Krieges beglichen zu haben, werden eine Art von spartanischem Elite-Geist erzeugen, der dem westdeutschen Hedonismus bloß noch verächtlich begegnet. Man wird in eine Rolle schlüpfen, wie sie die Hugenotten im modernen Frankreich spielen. Zu Hilfe dabei kommt, daß man eine der Bastionen des Puritanismus in Deutschland besetzt, die Mark Brandenburg. Überhaupt dürfte bald eine heimliche Wiederkehr Preußens erfolgen.

Eine hübsche Assonanz: In der alten Bundesrepublik gab es das Kino der Autoren, in der DDR gab es das Kino der Zensoren.

Der westdeutsche Literaturkritiker K. hatte sich über Jahrzehnte spezialisiert auf die publizistische Förderung von literarischen Dissidenten, zumal solchen deutscher Zunge. Der Vorgang war der immergleiche. Ein kecker Autor zwischen Oder und Elbe tat den Mund auf. K. machte sich zu seinem Anwalt. K. sorgte dafür, daß Radio und Zeitung von dem kekken Autor Notiz nahmen. Der erhielt daraufhin Schwierigkeiten mit seinen Behörden. Kritiker K. schlug Alarm. Der kecke Autor wechselte das Vaterland und suchte sich im westdeutschen Kulturbetrieb einen Platz, der meist ein solcher der Anonymität war, denn Kritiker K., seinem Ruf und seiner Funktion zu entsprechen, hatte bereits wieder das nächste Jungtalent aus der DDR ausgespäht. Seine Arbeit war einträglich und schien unerschöpflich, bis die Berliner Mauer fiel. Plötzlich gab es keine Dissidenten mehr. Um andere Talente, etwa solche im eigenen Land, hatte sich K. zu wenig bemüht. Seine alte Funktion wahrnehmen zu können, hatte er zwar ein reges politisches Sensorium entwickeln, aber literarische Maßstäbe weitgehend vernachlässigen müssen, daß er schon seit längerem in dem Verdacht stand, er habe niemals welche besessen. Tatsächlich war unter den durch ihn reichlich ausgerufenen Ost-Genies keines gewesen, das diesen Namen wirklich verdient hätte. Der Hohn, auf den er neuerdings trifft, hält er für eine späte Rache östlicher Geheimdienste. Insgeheim sehnt er sich zurück nach der alten DDR samt ihrer intakten Berliner Mauer.

In der ehemaligen DDR«, lese ich, »führt der Weg aus der Not nicht vom Tellerwäscher zum Millionär, sondern vom Akademiker zum Würstchenverkäufer.«

An der Tür eines Geschäftes in der ehemaligen DDR hängt ein Schild mit der Aufschrift *Wegen Privatisierung geschlossen*. Als ich es las, mußte ich mir Mühe geben, den Satz nicht grundsätzlich zu nehmen.

Man sagt, im postkommunistischen Ost-Europa sei zum neuen Opium für das Volk der Nationalismus geworden. Die Ostdeutschen darf man davon ausnehmen. Der Historiker Michael Stürmer vermerkt ganz richtig: »Die Warnung vor einem neuen Nationalismus hat in Deutschland seit September 1989 die Form eines ratlosen Rituals angenommen: eine

Sorge auf der Suche nach ihrem Gegenstand.« Es wäre zugleich ein Ausweis dafür, daß die ehemalige DDR aus dem Verband Ost-Europas, dem sie vierzig Jahre lang angehörte, fast völlig ausgeschert ist.

Nazis raus! Wohin?« (Günther Nenning)

Heinrich Dathe, Dr. phil., geboren 1910 im sächsischen Vogtland, wurde 1934 Mitarbeiter des Zoologischen Gartens Leipzig, wo er es bis zum Stellvertreter des Direktors brachte. Er nahm am Zweiten Weltkrieg teil, geriet in Gefangenschaft, kehrte heim, arbeitete für einen Verlag, dann wieder für den Leipziger Zoo, bis man ihn, 1954, zum Gründungsdirektor des Tierparks in Berlin-Friedrichsfelde berief, der ein großer Erfolg und sein Lebenswerk wurde. Er saß in den Vorständen zahlreicher DDR-offizieller Organisationen und Komitees. Man verlieh ihm höchste Staatsauszeichnungen, darunter den Karl-Marx-Orden und den Stern der Völkerfreundschaft. Er blieb Direktor des Tierparks weit über das Datum seiner Pensionierung hinaus, da niemand den Mut aufbrachte, ihm zu kündigen, er behielt darum auch seine frühere Dienstwohnung, die eigentlich seinem präsumptiven Nachfolger zustand. Als 1990, Heinrich Dathe war inzwischen 80 Jahre alt, die Kündigung durch die zuständige Stadtverwaltung erfolgte, gerierten sich Teile der Ostberliner Öffentlichkeit, als habe man ein Heiligtum geschändet.

Niemals war davon die Rede, daß Heinrich Dathe bereits am 1. September 1932 in Adolf Hitlers NSDAP eingetreten war (Mitglieds-Nr. 1318207). Später habe er sich, heißt es, bei ideologischen Auseinandersetzungen stets auf die Seite der Stalinisten geschlagen. Er starb im Januar 1991. Bei der Eröffnungssitzung des neuen Gesamtberliner Abgeordnetenhauses protestierte der Redner von Bündnis 90 dagegen, daß dieses Parlament es abgelehnt habe, für den toten Tierpark-Direktor eine offizielle Gedenkminute einzulegen. Die anwesenden Anhänger der Bürgerbewegungen spendeten der Bemerkung nachdrücklichen Beifall. Die Revolutionäre vom Herbst '89 haben ihre Revolution zu Recht verloren.

Auf dem Gebiet der ehemaligen DDR werden verbale Beleidigungen jetzt bevorzugt mit Analogien aus dem Bereich der Politik bestückt. Als besonders schlimme Beschimpfung gilt der Satz: »Sie sind ja schlimmer als Mielke und Schnitzler zusammen!«

Schon werden die«, lese ich, »die die ganzen Jahre im Osten an den dortigen Zuständen loyal-kritisch und gemütlich litten, über das dünne Œuvre der ›Dissis‹ süffisante Bemerkungen austauschen.«

In einer Radiosendung über jüdische Kultur in Ost-Europa trifft jemand die beunruhigende Feststellung, daß, wenn man der moderneren polnischen Belletristik den Antisemitismus fortnehme, nicht mehr viel von ihr übrigbleibe.

Für die Juden war der Messias nie Gottes Sohn, sondern ein Mensch, ein Jude, der kam, das auserwählte Volk, die Juden, zu erlösen«, schreibt, in seinem allerletzten Prosa-Text, der Schweizer Schriftsteller Friedrich Dürrenmatt. »Karl Marx war ein Jude, der kam, das auserwählte Volk, das Proletariat zu erlösen.« Die Analogie scheint auf den ersten Blick erhellend. Sie geht von der nicht erst bei Dürrenmatt geäußerten Erkenntnis aus, daß der wissenschaftliche Sozialismus recht eigentlich eine säkulare Religion und Marx deren einer jüdisch-eschatologischer Überlieferung verpflichteter Stifter war. Die Analogie stimmt dann doch nicht, da der Messias jedenfalls dem auserwählten Volk zugehören sollte, und Marx war kein Proletarier. Dann ist auch an die vielen falschen Messias-Gestalten zu erinnern, die sich zahlreicher gutgläubiger Anhänger erfreuen durften und bloß Hochstapler waren. Marx und Engels als Hochstapler? Die Analogie wird erst schlüssig, wenn man von Jesaja aufs Neue Testament wechselt. Christus war ein Heilsbringer, aber nach altjüdischem Verständnis ein Apostat. Seine Anhänger verrieten ihn. Seine Botschaft ließ sich auf dieser Welt nicht verwirklichen. Unentwegt bildeten sich in Berufung auf ihn neue Sekten. Was in seinem Namen geschah, waren Zerrbilder, Exzesse, Schrecknisse.

Aber es ist immer wieder inspirierend, seine Texte zu lesen.

Ein Bekannter mit Wohnsitz in Berlin-Charlottenburg erzählt mir, er habe neulich eine Partie 1984er Chablis Valmur Grand Cru ersteigert. Der Glanz in seinen Augen, während er dies berichtet, kommt nicht etwa daher, daß der Erwerb besonders kostengünstig geschah, vielmehr ist er zu erklären mit dem Namen des Vorbesitzers. Der Wein stammte aus dem Keller des ehemaligen DDR-Staatsratsvorsitzenden Erich Honecker.

Bei der am 13. Januar 1991 veranstalteten Gedenkdemonstration zu den Gräbern von Rosa Luxemburg und Karl Liebknecht auf dem Friedhof von Berlin-Friedrichsfelde marschierten über hunderttausend Menschen. Wie bei den gleichen Veranstaltungen zum gleichen Anlaß in der alten DDR hatte die Mehrzahl der Marschierer vom Wirken und Denken der beiden Toten wenig Kenntnis. Ihre Teilnahme an dem Marsch diente einer aktuellen politischen Offenbarung. Ihr Gedenken war überwiegend Heuchelei.

Am südöstlichen Rand von Berlin haben sich Jugendbanden gebildet, die über ein heimliches Netzwerk miteinander kommunizieren. Sie unternehmen Einbrüche, Raubüberfälle, sie veranstalten Hetzjagden auf Vietnamesen, die unter freiem Himmel Handelsstände unterhalten, sie liefern sich Straßenschlachten mit anderen Jugendlichen, die einer linken politischen Gesinnung verdächtig sind. In den Straßen patrouillieren verstärkt Streifenwagen der Polizei. Die Existenz der Banden wird erklärlich durch den Umstand, daß von den Schulabgängern dieser Region im Jahre 1991 nur 50 Prozent eine Lehrstelle erhalten werden. Diese Nachrichten erfahre ich an jenem Tag, da der Architekt des Einigungsvertrages auf DDR-Seite, Günther Krause, zum Bundesminister im neuen Kabinett Helmut Kohl berufen worden ist.

Die Staatslimousine des ehemaligen SED-Partei- und Staatschefs der DDR, Erich Honecker, ist für 20 000 D-Mark in den Besitz eines Hildener Automobilhändlers übergegangen. Es handelt sich um einen dunkelblauen Pkw vom Typ Volvo 264 TE, Baujahr 1977, Neupreis 128 000 D-Mark. Der Wagen ist gepanzert und verfügt in seinem Inneren über eine Bar, ein Fernsehgerät, ein Telefon und eine Radioanlage mit acht Lautsprechern. Besonders beeindruckend ist die eigens angebrachte und noch vorhandene Halterung für eine Maschinenpistole vom Typ Kalaschnikow. Der Wagen kann für Hochzeitsfahrten gemietet werden.

Der militärische Einsatz des großen Verbündeten wird mit Wohlwollen und Bewunderung kommentiert. Es herrscht eine voyeuristische Begeisterung, die, wie aller Voyeurismus, etwas von sexueller Ersatzbefriedigung hat. Höhnisch und voller Erbitterung wird über pazifistische Gefühle und Aktionen berichtet, man unterstellt bei den Teilnehmern entweder Feigheit oder einen aus Undankbarkeit gespeisten politischen Egoismus. Ich rede von den Texten konservativer deutscher Publizistik betreffend den amerikanischen Krieg am Golf. Ich rede von den Texten der einstigen DDR-Publizistik betreffend den sowjetischen Krieg in Afghanistan.

Das neue, wöchentlich erscheinende Mitteilungsblatt einer Gemeinde am Rand von Berlin wird herausgegeben von einem Kleinunternehmer, der über lange Jahre Mitglied einer Blockpartei war. Es findet sich in dem Blatt der ausführliche Text eines ehemaligen Mitglieds der SED wider die Umbenennung von Straßen, welche gegenwärtig noch nach Wilhelm Pieck und Ernst Thälmann heißen. Ein ehemaliges Mitglied des Obersten Gerichts der DDR gibt Auskünfte als Rechtsanwalt. Ein ehemals führender Mitarbeiter der Kulturabteilung des ZK der SED hat ein eigenes Gedicht drucken lassen. Es lobt in humoristischen Worten die örtliche Feuerwehr.

An einer Wand des Bahnhofs Friedrichstraße in Berlin-Mitte findet sich folgendes Sgraffito: *PARTEI DER SCHWEINE*. Die Initialen sind mit andersfarbigem Stift hervorgehoben. Für jene empfindlichen Gemüter, denen die Benennung zu vulgär erscheinen könnte, wird ein in kleinerer Schrift abgefaßter und in Klammern gebrachter Bildungshinweis mitgegeben. *Siehe Orwell, Farm der Tiere.*

Es ist nicht zu bestreiten, daß einige hohe Politiker aus Honeckers DDR, wie Hans Modrow, Dietmar Keller und Klaus Höpcke, aus wohlverstandener Einsicht, aus vorauseilendem Opportunismus oder aus beidem sich einst zu Handlungen entschlossen hatten, welche die Auflösung des alten Regimes begünstigten. Aus diesem Umstand leiten sie heute das Recht für das eigene politische Überleben ab. Sie übersehen dabei, daß es in ihrer Vergangenheit außerdem Handlungen gab, die vollkommen systemfreundlich, menschenfeindlich und stalinistisch waren. Da letztere an Umfang weit überwogen, werden sie ihnen jetzt nachdrücklich vorgeworfen. Dennoch sitzen die Leute weiterhin auf ihren Sesseln. Sie wiederholen damit jenen ruinösen Fehler, an dem schon das alte SED-Politbüro scheiterte: nicht rechtzeitig zurücktreten zu können. Um so mehr ist die längst erfolgte Demission des ehemaligen DDR-Spitzenpolitikers Manfred Gerlach zu würdigen, von dem kaum einer mehr redet, auch nicht negativ.

Am 17. Januar 1991, dem ersten Tag des Golfkrieges, schossen die Kurse an den wichtigsten internationalen Börsen in die Höhe: »explosionsartig«, wie es in einem Zeitungsbericht heißt. Der Deutsche Aktienindex habe mit 100 Punkten den absolut höchsten Tagesgewinn seiner Geschichte verbucht. Auf dem Parkett der Frankfurter Börse herrsche eine »Bombenstimmung«. Das perverse Niveau dieser Haltung, schreibt die Zeitung, entspreche ziemlich genau jenem in den rheinischen Karnevalsvereinen, wo gegenwärtig die Sorge herrsche, wie man die Rosenmontagszüge doch noch veranstalten könne. Für eine Weile hatte ich fast vergessen, daß es auch gute Gründe gibt, den Kapitalismus widerwärtig zu finden.

Ein Leipziger Kriminalpolizist ernannte zum Aufsteiger des Jahres 1990 den Taschendiebstahl.

Am 20. Januar 1991 demonstrierten in Moskau mehrere hunderttausend Menschen gegen das Blutbad, das, genau eine Woche zuvor, Truppen des sowjetischen Innenministeriums in Wilna angerichtet hatten. Die Demonstranten führten mit sich Bilder des sowjetischen Staatspräsidenten. Auf dessen Oberlippe hatte man Stalins Schnurrbart montiert, Michail Gorbatschow sah dadurch aus wie Groucho Marx. Ein sehr angemessener Vergleich. Er gilt einem melancholischen Narren, bei dessen Namen unwillkürlich an einen längst vergangenen sozialistischen Politiker zu denken war.

In einem Zeitungsbericht aus Israel erfahre ich von einer Hundehütte, die durch eine Plastikverkleidung gegen eventuelle irakische Gasangriffe geschützt wird. Der Verfasser des Berichtes spricht zusammenfassend vom Zustand einer »hysterischen Gelassenheit« im Land.

Das bis heute anhaltende Grauen des Realsozialismus«, lese ich, »heißt weder Stasi noch Planmißwirtschaft, sondern ›komplexer Wohnungsbau‹.«

Man erzählt mir von mehreren konservativen westdeutschen Publizisten, die vierzig Jahre lang gegen den Kommunismus, zumal jenen Ostdeutschlands, in wütenden Artikeln angeschrieben haben. Ich hatte mir vorgestellt, das Jahr 1989 müsse für diese Leute das Datum eines großen Triumphes gewesen sein, da doch alles, was sie in ihren Texten behauptet hatten, sich nunmehr als zutreffend erwies. Man berichtet mir, sie seien vielmehr in tiefe Depressionen gefallen. Ihr Emotionspotential sei gänzlich versiegt. Sie sähen sich um ihren Gegenstand gebracht und wüßten nun nicht mehr, worüber sie überhaupt schreiben sollten. Der eindrucksvollste Sieg, welchen der Realsozialismus in Ost-Europa errang, bestünde demnach darin, daß er seine ärgsten Feinde vernichtete, noch während und indem er selbst unterlag.

Graffito am Prenzlauer Berg in Berlin: »Es ist deutsch in Kaltland.«

Immer noch, im fünfzehnten Monat nach ihrem Untergang, werden aus der alten DDR bis dahin verborgen gebliebene Scheußlichkeiten offenbart. Eine trägt den wissenschaftlichen Namen Leukose. Es handelt sich hierbei um eine durch Viren übertragbare Bluterkrankung bei Rindern. Tiere, die mit Leukose infiziert sind, werden in zivilisierten Ländern sofort getötet und dem Abdecker überantwortet. Nicht so in der DDR. Dort wurde für leukotische Rinder vielmehr eine spezielle Tierhaltung eingerichtet, sogenannte Leukoseauffangbetriebe, in denen die Tiere, bei krankheitsbedingt geringer werdendem Milchaufkommen, weiterhin gemolken wurden, bis man sie schlachtete. Das Fleisch wurde in unverfrorenem Zustand dem volkseigenen Handel überantwortet. Leukose ist wahrscheinlich auf den Menschen übertragbar und führt dann zur Leukämie.

Ich stelle mir vor, der Traum vieler romantischer Revolutionäre des Herbst '89 wäre in Erfüllung gegangen. Wir hätten noch eine separate DDR, demokratisch verfaßt und, wie die ehedem volksdemokratischen Anrainer im Osten, weiterhin Mitglied im Warschauer Pakt. Die blutigen Ereignisse im Baltikum steuern Januar 1991 ihrem ersten Höhepunkt entgegen. In Berlin und Leipzig gehen protestierende Menschen auf die Straßen. Mitglieder der PDS veranstalten Gegendemonstrationen. Es kommt zu blutigen Zusammenstößen. In mehreren großen Versorgungsbetrieben wird gestreikt. Der öffentliche Nahverkehr kommt zum Erliegen. Über Rundfunk und Fernsehen wird ein Manifest namentlich nicht benannter Patrioten verlesen: den Bestand des ersten deutschen Arbeiter- und Bauernstaates zu retten. Der Verteidigungsminister der UdSSR läßt 360 000 Rotarmisten aus ihren deutschen Kasernen ausrücken. Ihr Oberkommandierender erklärt den Ausnahmezustand. Die demokratisch gewählte Regierung wird abgesetzt. Das Funkhaus in der Berliner Nalepastraße sendet Musik von Beethoven und Hanns Eisler. Auf dem Brandenburger Tor weht wieder die rote Fahne.

Mehr und mehr erweist sich, daß die Presse-Berichterstattung der US-Armee über den Golfkrieg unvollständig ist, manipuliert durch Zensoren und im Gesamtergebnis vorsätzlich falsch. Das geschieht im Geltungsbereich einer politischen Ordnung, die sich ihrer Freiheiten in der Berichterstattung rühmt. Die zur gleichen Zeit erfolgenden Korrespondenzen über die Ereignisse im Baltikum sind umfassend,

Journalisten aus aller Welt berichten ohne Behinderung. Das geschieht im Geltungsbereich einer staatlichen Ordnung, deren Behinderungen der Pressefreiheit früher zu Recht getadelt wurden. Das Ende des Kalten Krieges zeitigt bei den ehemals Hauptbeteiligten die sonderbarsten Resultate.

Einer, der es wissen muß, Alexander Jakowlew, langjähriger politischer Berater Michail Gorbatschows, redet von dem politischen System Ost-Europa als von einem »Schmarotzer-Sozialismus«. Da es eine andere Form des Sozialismus weder in Europa noch sonst auf der Welt überhaupt gibt, ist Schmarotzertum mit dem realen Sozialismus identisch. Derart muß man sich weder über die Verderbtheit der alten Nomenklatura erstaunen noch über das Ende dieser Systeme in einem völligen wirtschaftlichen Bankrott.

Ich erinnere mich einer Bemerkung des weltweisen Sebastian Haffner aus dem Jahre 1990: Das Ende der deutschen Zweistaatlichkeit, resultierend aus dem Ende des Kalten Krieges, werde das mühsam stabilisierte politische Gleichgewicht in der Welt verwirren, den durch dieses Gleichgewicht garantierten Frieden gefährden und die Gefahr eines neuen großen Krieges, wovor er Angst habe, beträchtlich steigern. Haffners Ausspruch im Kopf, betrachte ich mir den gegenwärtigen Golfkrieg. Gesetzt, die Sowjetunion würde noch von der alten Nomenklatura bestimmt, wäre das Ultimatum des Weltsicherheitsrates an einem russischen Veto gescheitert. Der militärische Einsatz am Golf wäre kein multinationaler, sondern bloß ein amerikanischer geworden. Immer vorausgesetzt, er wäre überhaupt zustande gekommen, da die Sowjetunion sich auf ihren formal auch heute noch bestehenden Beistandspakt mit dem Irak berufen und mit militärischen Gegenmaßnahmen gedroht hätte. So wäre es bei der bloßen Bereitstellung eines Armeekontingents in Saudi-Arabien geblieben und bei der Fortsetzung von Embargo und Blockade gegen Saddam Hussein. Irgendwann hätten sie gegriffen und zum politischen Ende des Diktators geführt. Keine Bomben wären gefallen, keine Kriegstoten gestorben, keine Ruinen entstanden. Es scheint fast, als habe Sebastian Haffner mit seiner düsteren Behauptung recht.

In einer Tageszeitung lese ich über die Amtsstube einer ostdeutschen Behörde eine Schilderung, der paradigmatische Aussagekraft zukommt: Der Amtsinhaber, ein Herr W., verfüge über zwei Telefonapparate, die aber nicht funktionierten, weil das telefonische Leitungsnetz ständig überlastet sei, und er verfüge über zwei Sekretärinnen, die ständig überlastet wirkten, weil die Telefonapparate nicht funktionierten.

Von tiefer Wahrheit geprägt ist der Dialog, den ein jüngeres Ehepaar aus einer Großstadt in der ehemaligen DDR führt. Der Mann hat seiner Frau zum Geburtstag einige zierliche Dessous geschenkt, worauf diese, statt in Freude auszubrechen, vielmehr ein Lamento beginnt. Man sei doch arbeitslos, und nun diese teure Ausgabe, Reizwäsche, das brauche man doch wirklich nicht zum Leben! Worauf der Ehemann sagt: »Wer weiß.«

Graffito in Ostberlin: »Anarchie = Freiheit + Ausschlafen.«

IV

Die Wiedervereinigung, hat jemand ganz richtig gesagt, sei nicht viel mehr gewesen als ein pathetischer Fetzen Beethoven am falschen Ort.

In einem Zeitungstext lese ich von einer Menschengruppe, die sich den Namen »Anonyme Melancholiker« gegeben habe. Sie wohnen in Polen. Es könnte sie ebenso in Ungarn, in der Tschechoslowakei, im Baltikum, in Rumänien, in Rußland geben. Es könnte sie auf dem Gebiete der vormaligen DDR geben, und wahrscheinlich sind sie, neben der Institution der Warteschlange (die sich aus ihresgleichen konstituiert), die letzte Eigentümlichkeit, welche die fünf neuen Bundesländer mit dem Rest des aufgelösten Ostblocks verbindet.

Auf einer Abbildung zum Thema Frauenprobleme in der ehemaligen DDR flieht eine verhärmte, weinende Mutter mitsamt ihren Kindern aus dem Haus. Ihr Mann droht mit geballter Faust hinter ihr her. Die Frau murmelt: »Als er noch bei der Stasi war, hatte er genügend andere, die er verprügeln konnte.«

Es ist natürlich wahr, daß Saddam Hussein militärisch bekämpft werden muß, denn er hätte spätestens in zwei Jahren die Atombombe gehabt, hergestellt in Anlagen, welche geliefert wurden von jenen Ländern, die ihn jetzt militärisch bekämpfen.

Aller Reichtum, alle Volkskraft, alles Leben nur auf ein Ziel – Vernichtung – hingelenkt: Ein solches System muß endlich entweder die Menschheit oder sich selbst vernichten.« Diese Worte, die sowohl auf den Warschauer Pakt als auch auf den militärischen Einsatz im Mittleren Osten zutreffen, entstammen dem Buch »Das Maschinenzeitalter« der Bertha von Suttner. Sie wurden im Jahre 1887 geschrieben.

Als erfolgreichste sprachliche Neuschöpfung für die Charakterisierung der Deutschen in den beiden ehemals getrennten Landesteilen haben sich die Wörter *Ossi* und *Wessi* erwiesen, was zum Beispiel deutlich wird durch die verschiedenen Ableitungen, etwa *Ossi-Land*. Eine besonders gelungene Erfindung ist jene für die westdeutschen Berater, die in Behörden auf dem Gebiet der ehemaligen DDR eingesetzt werden und dort *Besser-Wessis* heißen. Als auftrumpfende Reaktion darauf wurde der *Super-Ossi* erfunden. Bei ihm handelte es sich um den Namen eines neuen Boulevard-Blatts, das schon nach wenigen Ausgaben in Konkurs ging. Der Erfolg der gesamten Wort-Familie erklärt sich aus ihrem Herkommen.

Sie entstammt der Junge-Leute-Sprache, wo Neubildungen wie *Hirni* und *Knacki* in Umlauf waren. *Wessi* entstand ursprünglich als eine Analogiebildung zu *Ossi*. Ossi entstand ursprünglich als eine Analogiebildung zu *Assi*, für Asozialer.

Das sicherste Ergebnis eines Krieges bestehe in der Erkenntnis, daß es viele Gründe gegeben habe, seinen Ausbruch zu verhindern. Die Äußerung stammt von Dieter Hildebrand. Daß doch immer die Kabarettisten, also die Narren, Wahrheiten sagen, die von jedem gebilligt und von keinem beherzigt werden.

Denkbar gewesen wäre der Fall eines Berufsoffiziers der ehemaligen NVA. Als ausgezeichneter Spezialist auf dem Gebiet der Nachrichtentechnik gab er in einem Ausbildungscamp auf der Insel Rügen seine Fähigkeiten weiter an Guerillakämpfer der PLO. Diese Aufgabe versah er innerhalb der Verantwortlichkeit des Warschauer Paktes. Sein höchster militärischer Vorgesetzter war ein sowjetischer Marschall. Nach dem Beitritt der DDR zum Grundgesetz der Bundesrepublik Deutschland wurde der Mann in die Bundeswehr übernommen. Nunmehr untersteht er der Verantwortlichkeit der NATO. Sein höchster militärischer Vorgesetzter ist ein US-amerikanischer Armeegeneral. Im Verlaufe des Golfkrieges greift Saddam Husseins Irak die Türkei militärisch an. Hiermit ist der Bündnisfall gegeben. Die

NATO entsendet Einheiten in den Mittleren Osten, darunter Kontingente der Bundeswehr, darunter unseren Offizier. Auf dem Territorium Kuwaits wird er in militärische Kampfhandlungen verwickelt. Auf der Gegenseite stehen die PLO-Kämpfer, die er einst ausgebildet hat. Sie beschießen ihn mit sowjetischen Raketen, welche bestückt sind mit von Deutschen hergestelltem Kampfgas. Er selbst schießt mit US-amerikanischen Waffen, in die er von Deutschen hergestellte Munition schiebt. Abends, vor dem Einschlafen, denkt er nach über die vielfältigen Inhalte des Wortes Friedensmission.

Der wegen seiner konservativen Gesinnung bekannte und wegen seiner initiativen Rolle beim Historikerstreit gescholtene Historiker Ernst Nolte hat sich über die osteuropäischen Revolutionen von 1989/90 geäußert. Er beschreibt die Rolle der Linksintellektuellen zumal in Deutschland derart, daß sie, in ihrem Insistieren auf dem Status quo, den Westmächten die Zustimmung zur deutschen Vereinigung ermöglichten: »Indem sie es den Verbündeten leichter machten, für das Prinzip der Selbstbestimmung einzutreten, da dessen Realisierung in Deutschland für die Gegenwart nicht erwartet zu werden brauchte.« Das wäre, wenn es denn stimmt, ein hübscher Beleg für die dialektische List der Geschichte. Man könnte den Gedanken noch erweitern: Indem die Linksintellektuellen den Sozialismus wollten, haben sie den Kapitalismus durchgesetzt. Man könnte den

Gedanken modifizieren: Indem die Linksintellektuellen die Zweistaatlichkeit favorisierten, mußte die konservative Welt, um die Linken zu besiegen, die Einheit herbeiführen. Ernst Noltes Gedanke hat allerdings einen Fehler. Er billigt den Linksintellektuellen einen Einfluß zu, den sie nicht hatten, es sei denn bei sich selbst. Die deutsche Einheit kam, weil es nirgends mehr Hindernisse gegen sie gab, außer den Linksintellektuellen, und die waren keines.

Noch immer sind jene unterirdischen S-Bahnhöfe und U-Bahn-Stationen in Ostberlin, die während der Jahre 1961 bis 1989 durch die DDR-Behörden unzugänglich gehalten wurden, eine gespenstische Landschaft. Ich habe ihr Schicksal während der achtundzwanzig Jahre ihrer Funktionslosigkeit verfolgen können. Unmittelbar nach dem Mauerbau wurden sie mit eisernen Gittern versperrt. Danach wurden ihre Eingänge niedergerissen, sie wurden völlig aus dem Straßenbild getilgt. Wenn unterirdisch noch Züge durch sie fuhren, wurde deren Fahrt nicht mehr unterbrochen, immerhin wurde sie verlangsamt, es war wie ein unbedingter Reflex, oder wie ein Phantomschmerz. Die Stationen blieben immer etwas erleuchtet. Anfangs standen auf den Bahnsteigen noch Doppelstreifen der DDR-Grenzpolizei. Später blieben die Stationen gänzlich menschenleer. Die Lampen wurden ständig trüber, vermutlich infolge des Schmutzes, der sich auf ihnen ablagerte.

Die Passanten in ihren Zügen nahmen die Stationen immer weniger zur Kenntnis, die Stationen entfernten sich aus ihrem Gedächtnis, sie wurden zu einem grauen, indifferenten Abschnitt unterirdischen Verfalls. Einmal erfolgte ein jähes Erwachen, als die Station *Walter-Ulbricht-Station* umgewandelt wurde in *Station der Weltjugend.* Schneidbrenner versprühten grelle Funken, vorübergehend fiel Tageslicht ein und verscheuchte die Ratten, Gerüchte über eine Modifikation des Regimes an der Grenze gingen durch Berlin wie eine Staubwolke. Nichts geschah. Die Station schloß wieder. Ausgestattet mit ihrem neuen Namen, versank sie abermals in Dämmerung. Dennoch war sie zu einer heimlichen Verheißung geworden, daß nichts so bleiben müsse, wie es vorher war, diese Verheißung wurde schließlich eingelöst, nach dem 9. November 1989. Die vergessenen Eingänge zu den unterirdischen Stationen wühlten sich wieder hervor und ans Licht, metaphysische Maulwürfe, sie erhielten neue Umrandungen und neue Schilder. Ich betrete die Station »Unter den Linden«, nahe dem Brandenburger Tor. Ich hatte ihre Existenz vergessen. Die Stufen und Wände machen kenntlich, daß sie es schon lange gibt, daß man sie nur hastig wieder hergerichtet hat. Es riecht nach Moder und billigen Farben. Die Mauern zeigen sich in schamlosem Weiß. Die wartenden Menschen, es sind sehr wenige, scheinen zu frieren. Die Station kommt von den Traumata der letzten dreißig Jahre nicht los.

Der Schriftsteller Landolf Scherzer begleitete im Januar '91 einen Lebensmitteltransport für die hungernde Sowjetunion aus dem thüringischen Suhl in die südlich Moskau gelegene Stadt Kaluga. Er schildert, wie die Ankunft und Auslieferung der Nahrungsgüter von den Empfängern vielfach als Demütigung empfunden wird. Ein Journalist lädt ihn zum Essen ein, in ein nicht jedermann zugängliches Gebäude und dort in einen separaten Raum. »Große Fenster, Blick auf die Oka. Weiße Tischdecken. Blumen. Gedecke. Teller mit Sülze, Fisch, Zunge. Schwarzes und weißes Brot. Saft. Mehrere Sorten Zigaretten. Speisekarte mit Suppen und Nachspeisen, drei Fleischgerichten. Keines kostet mehr als drei Rubel. Unauffällige junge Kellnerin.« Es handelt sich um den Speiseraum, der reserviert ist für den Gebietssekretär der Kommunistischen Partei der Sowjetunion.

Der Fluch der leninistischen Parteidisziplin ereilt noch deren Kritiker. Angesichts des deutlichen Rechtsrucks der sowjetischen Innenpolitik hätte Michail Gorbatschow, dessen respektabler Platz in der Zeitgeschichte doch unumstritten ist, längst zurücktreten müssen.

Bei einer Demonstration gegen den Golfkrieg auf dem Berliner Alexanderplatz erhielt besonders stürmischen Beifall die Parole, man solle die deutsche

Rüstungsindustrie abwickeln. Das dabei verwendete Tätigkeitswort entstammt dem Text des deutschen Einigungsvertrags und wird dort verwendet im Hinblick auf politisch besonders vorbelastete akademische Einrichtungen. Die Rüstungsfabriken abwikkeln hieße: sie auflösen, um sie in verbesserter, effizienterer Form neu zu errichten. Die Erfinder der Parole auf dem Berliner Alexanderplatz sind in den Reihen der PDS zu vermuten.

Ich erfahre vom Schicksal eines Inoffiziellen Mitarbeiters der alten DDR-Staatssicherheitsbehörde, B. Er hatte als sehr junger Mensch einen Fluchtversuch in die Bundesrepublik unternommen, der gescheitert war. Er wurde daraufhin zu einer längeren Freiheitsstrafe verurteilt. Bei seiner Entlassung warb man ihn für die Stasi, deren Gegenleistung darin bestand, daß sie eine reguläre Arbeitsstelle vermittelte. B. hatte zwei Führungsoffiziere. Nette Leute. Mit einem von ihnen freundete er sich förmlich an. Aus den Urlauben brachte man sich gegenseitig kleine Geschenke mit. B. wurde auf einen Bürgerrechtler angesetzt, mit dem er sich seinerseits anfreundete. Die Beziehung zu seinem Führungsoffizier begann darunter zu leiden. Seine gesamte Tätigkeit wurde ihm schließlich durch diesen Konflikt vergällt. Sonst sei aber überhaupt nichts Diabolisches dabeigewesen, und der größte Vorzug seiner Situation habe darin bestanden, daß er immer öffentlich über die politischen Zustände der DDR habe herziehen können, ohne Angst vor einer Verhaftung zu haben.

Auf ihrem 2. Parteitag im Januar '91 hat die SED-Nachfolgeorganisation PDS bekanntgeben müssen, bei ihren Mitgliedern betrage der Anteil jener, die unter 30 Jahre alt sind, 8, 9 Prozent, jener der Rentner liege bei fast der Hälfte. Damit ist alles gesagt.

Die Unterschiede in der Beschäftigungssituation zwischen den alten Bundesländern und den neuen ergibt sich aus einer Gegenüberstellung der beiden Forschungsstätten zum Werk Johann Sebastian Bachs. Die eine, mit Sitz in Leipzig, beschäftigt von ursprünglichen 60 jetzt noch 42 vollberufliche Mitarbeiter. Die andere, mit Sitz in Göttingen, die eine, verglichen mit der Leipziger, sehr viel größere Effektivität hat, verfügt über sechs Angestellte.

Die DDR-Vergangenheit sei klebriger, als man sich das vorgestellt habe, schreibt der Münchener Journalist Heribert Prantl. Das Wort *klebrig* ist recht aussagekräftig. Es teilt etwas mit über die Hartnäckigkeit des Haftungsvermögens wie auch über die Konsistenz: Klebrige Dinge sind meistens süß.

Bereits im Jahre 1917 stellte ein Mitglied des Senats der Vereinigten Staaten, Hiram Johnson, fest, das erste Opfer in einem Krieg sei immer die Wahrheit.

Man hat festgestellt, daß der berühmte Gorbatschow-Ausspruch, wer zu spät komme, den bestrafe das Leben, einen ehrwürdigen Vorläufer hat. Er stammt bereits vom Ende des 16. Jahrhunderts und lautet: »Wem gute Zeit ward und er verliert sie, der muß es später bereuen.« Enthalten ist diese Weisheit in den Romanen über den spanischen Edelmann Amadís, der, international außerordentlich erfolgreich, dem Autor Miguel de Cervantes als Anregung diente für seinen Ritter von der traurigen Gestalt.

Der Golfkrieg stiftet sonderbare Koalitionen. Hans Magnus Enzensberger und George Bush sind sich darin einig, daß Saddam Hussein der wiedergekehrte Adolf Hitler ist. Während sich der einstige Friedenskämpfer Wolf Biermann in seiner Option für den kriegerischen Einsatz der Amerikaner Schulter an Schulter mit dem vietnamerfahrenen US-General Norman Schwarzkopf findet, nehmen in der Reihe der Gegner dieses Einsatzes der Pazifist Gottfried Forck und der Rassist Jean-Marie Le Pen nebeneinander Platz.

Eine Nachricht, die sich selber kommentiert, besagt, daß in Amerika wegen des Golfkrieges die Akzeptanz des fortwährend von den Fronten berichtenden Fernsehsenders CNN stark zugenommen habe, während gleichzeitig der Konsum von Gewaltvideos drastisch zurückgegangen sei.

Mit 45 Olympiasiegern, 150 Welt- und 60 Europameistern war die in Leipzig ansässige Deutsche Hochschule für Körperkultur eine der erfolgreichsten Sportausbildungsstätten der Welt. Zusammen mit der alten DDR geriet sie in die Krise, zusammen mit jener wurde sie aufgelöst, da die Subsidien, die sie verschlang, und die Privilegien, die sie verteilte, unter den neuen Umständen und angesichts der allgemeinen Miserabilität in den fünf neuen Bundesländern nicht mehr zu vertreten waren. Zu Recht hat man angemerkt, inmitten aller sonst sich vollziehender Konkurse liefere diese Schule das einzige Beispiel, daß man wegen nachweislich hervorragender Leistungen schließen müsse.

Der ehemalige Präsident des inzwischen aufgelösten DDR-Schriftstellerverbandes, Hermann Kant, wehrt sich in einem offenen Brief gegen den Vorwurf, zum Nachteil des Schriftstellers Erich Loest mit der einstigen DDR-Staatssicherheitsbehörde kooperiert zu haben. Er schlägt Erich Loest vor, sie sollten beide ihre öffentlich geführte Kontroverse beenden und lieber gemeinsam dafür eintreten, daß am Golf kein Krieg mehr sei. Ginge Erich Loest auf diesen Vorschlag ein, so hätte Hermann Kant sein Ziel erreicht. Ginge Erich Loest auf diesen Vorschlag nicht ein, setzte er sich dem schon früher von Hermann Kant mitgeteilten Verdacht aus, der Befürworter einer menschenfeindlichen Politik zu sein. Von solchem, fälschlich dialektisch genannten, Zuschnitt sind die Offerten der alten SED immer gewesen, auch daran ging sie schließlich zugrunde. Ebenso wie an ihrem miserablen Informationsstand, und selbst der läßt sich am Beispiel nachweisen: Hermann Kant wußte offensichtlich nicht, daß Erich Loest schon vor der Publikation jenes Briefes sich längst öffentlich gegen den Krieg am Golf erklärt hatte.

Die Aversion der Menschen in den fünf neuen Bundesländern gegen die Wirtschaftsprodukte der alten DDR erstreckt sich selbst auf gänzlich neutrale Waren. Eine LPG-Bäuerin, die auf einem thüringischen Markt ihre Hühnereier zu verkaufen pflegte, blieb nach Öffnung der Grenzen auf ihren Angeboten sitzen, wenn ein herangereister Händler aus Franken Eier anbot, die, obschon im Preis acht Pfennig pro Stück teurer, jedenfalls als westdeutsche Eier galten. Als sein Lager leergekauft war, erbarmte er sich, nahm der LPG-Bäuerin deren unverkäufliche Eier zum von ihr geforderten Preis ab, bot sie unter seinem Etikett und mit seinem Preisaufschlag den

Leuten an und war auch hier binnen kurzem ausverkauft.

Der sowjetische Historiker Daschitschew hat in einem Interview geäußert, Präsident Michail Gorbatschow sei auf dem besten Wege, ein sowjetischer Deng Xiaoping zu werden. Wenn diese Vermutung zutreffen soll, müßte Gorbatschow die sowjetische Wirtschaft effizienter machen, wofür leider nichts spricht, und er müßte die Demonstranten in der Hauptstadt zusammenkartätschen lassen, wofür zum Glück nichts spricht. Gorbatschow ist auf dem besten Wege, zu werden, was er schon bisher war, nämlich Gorbatschow.

Man erzählt mir von Entlassungen, die an der Humboldt-Universität zu Berlin vorgenommen worden sind. Betroffen davon waren ausnahmslos Hochschullehrer, die infolge ihrer ideologischen oder organisatorischen Verbindungen zu Institutionen im alten SED-Staat den Studenten nicht mehr zugemutet werden konnten. Kaum im Besitz ihrer Kündigungsschreiben, klagten jene Personen bei den zuständigen Gerichten auf Wiedereinstellung, mit guter Aussicht auf Erfolg. Bei ihrer Entlassung lagen offensichtliche Verstöße gegen arbeitsrechtliche Bestimmungen vor. Diese Verstöße waren nicht versehentlich, sondern absichtlich erfolgt. Die dafür verantwortlichen Personalabteilungen, deren Angestellte durchweg ideologische oder organisatorische Verbindungen zu Institutionen im alten SED-Staat besessen hatten, waren ihren alten Freunden zu Hilfe gekommen.

Ich glaube, die Israelis genießen es, ihren deutschen Besuchern Schuldgefühle zu vermitteln. Und ich glaube, die deutschen Besucher genießen es sehr, die Schuldgefühle zu empfinden.« Dieser Ausspruch stammt von dem israelischen Schriftsteller Amos Oz. Ich denke mir, er würde wohl auch funktionieren, wenn man statt deutsch westdeutsch setzt und statt Israelis: Bewohner in den neuen Bundesländern.

Besuch eines Bekannten, der in der DDR aufgewachsen und in die alte Bundesrepublik geflüchtet ist. Seit kurzem lebt er in Berlin. Wir fragen, ob es einen Satz gebe, der nach seinem Eindruck die Seelenlage der Menschen in den fünf neuen Bundesländern charakterisiere. Den gebe es, entgegnet er. Es handle sich um den Satz: »Das ist für mich nicht zumutbar.«

Bei einer Demonstration auf dem Gebiet der ehemaligen DDR trug jemand ein Transparent mit der Aufschrift *Ossis aller Länder – verweigert euch!* Als ich es las, fand ich, dieser Aufforderung werde längst nachgekommen. Die Zustände von Apathie und wirtschaftlicher Frustration in den ehemaligen Volksdemokratien sind unter anderem davon die Folge.

Ich lese einen Zeitungsartikel, der folgende Fakten zusammenträgt: Devisenbeschaffer Schalck-Golodkowsi bestätigte in einem Interview, bereits seit 1983 habe er nachdenken müssen über gründliche politische Veränderungen in der DDR. Schalck-Golodkowski war heimlicher Offizier der obersten Staatssicherheitsbehörde MfS. Einer der ersten prominenten Kritiker der alten DDR-Zustände aus den Reihen der dortigen Administration wurde Markus Wolf. Er war Stellvertretender Minister des MfS. Zu den theoretischen Vordenkern eines Wechsels gehörte der Philosoph Michael Brie. Er war Inoffizieller Mitarbeiter des MfS. Heimliche Kontaktleute dieser Behörde saßen in allen Bürgerrechtsbewegungen sowie in Gliederungen der evangelischen Kirche. Die oppositionellen Parteigründer Schnur und Böhme wurden der MfS-Mitarbeit überführt. Entsprechende Verdächtigungen wurden ausgesprochen gegen die erneuerte Führung der mächtigen Ost-CDU, Kirchner, Diestel und de Maizière, gegen den liberalen Spitzenpolitiker Viehweger. Aus alledem läßt sich ableiten, daß die politischen Veränderungen ab dem Herbst 1989 in der DDR ein verdienstvolles Werk des MfS gewesen und die drastische Verfolgung, welche diese Behörde und ihre Mitarbeiter seither erfahren, eigentlich ein Akt des Unrechts sei. Daraus aber folgte: Blutige Revolutionen fressen ihre Kinder. Friedliche Revolutionen fressen ihre Eltern.

Der ehemalige DDR-Wirtschaftsmanager Warzecha ist derzeit Mitarbeiter einer Consulting-Firma. In seinem Beitrag für eine in Berlin erscheinende Tageszeitung teilt er mit, die Arbeitsmarktsituation in den fünf neuen Bundesländern werde noch auf mehrere Jahre durch 2,5 Millionen Beschäftigungslose geprägt sein. Diese Vorhersage ist von allen mir bekannten die mit Abständen pessimistischste, sie wird glaubwürdig durch die wirtschaftspolitische Intimkenntnis ihres Urhebers. Ich versuche, mir die möglichen Folgen auszumalen: Weiterhin würden die jungen, flexiblen, ehrgeizigen Arbeitskräfte die ostdeutsche Region fliehen. Die Überalterung nähme zu. Investoren würden abgeschreckt außer durch die ökologischen Altlasten durch den Mangel an geeignetem Personal. Das gegenwärtige Elend schriebe sich damit fort. Die Schlagzeilen, die darauf reagieren, würden seltener, da der Golfkrieg die Aktualität der deutschen Probleme sowieso beschädigt hat und es außerdem langweilig wird, ständig nur die gleichen Inhalte zu transportieren. Nach einer Zeit der resultatlosen Hilfsmaßnahmen würde sich die Bundesregierung mit den Gegebenheiten dankbar abfinden. Die fünf neuen Länder gelten fortan als strukturschwache Gebiete, wie es sie in der westdeutschen Nachkriegsgeschichte schon früher gegeben hat, im Emsland etwa oder in der Oberpfalz. Der Osten würde schließlich für Deutschland, was der Mezzogiorno für Italien ist: Endstation eines Produktivitäts- und Wohlstandsgefälles, deren wichtigstes Merkmal es ist, daß die dort herrschenden Zustände als unabänderlich gelten und es auch deswegen bleiben.

Der oberste militärische Befehlshaber in den fünf neuen Ländern rühmt die Problemlosigkeit, mit der bereits nach zwei Monaten Angehörige der ehemaligen Nationalen Volksarmee der DDR, insgesamt mehr als sechzigtausend Mann, darunter weit über zehntausend Offiziere, in die Bundeswehr hatten integriert werden können. Er scheint diesen Vorgang tatsächlich für einen Erfolg zu halten.

Thomas Sindermann unterhält im Ostberliner Stadtteil Karow eine Auskunftei für Wirtschaftsfragen. Er besorgt Angaben über Rentabilität, Betriebsorganisation und Geschäftspolitik von Unternehmen und Managern in Ost und in West. Seine Firma erlebt eine derartige Konjunktur, daß er es sich leisten kann, Aufträge, die ihm unseriös erscheinen, rundweg abzulehnen. Vor den Ereignissen vom Herbst '89 war Thomas Sindermann Leiter der Mordkommission bei der Volkspolizei Berlin. Sein Vater, Horst Sindermann, war als SED-Politbüro-Mitglied, als zeitweiliger Ministerpräsident und

Volkskammerpräsident Gastgeber unter anderem für Wirtschaftsprominenz aus der westlichen Welt, zu beidseitigem Nutzen. Horst Sindermann ist kürzlich gestorben. Die hochkarätigen Wirtschaftsleute besuchen jetzt seinen Sohn, zu beidseitigem Nutzen. So gesehen, hat sich weder für das Haus Sindermann noch für dessen Besucher irgend etwas geändert.

Die Freiheit hat viele Namen: Levi's, Wrangler, Lee, Pepe, Edwin. Demnächst werden die achtlos abgelegten Denim-Imitate *made in GDR* – so bleich und schlapp wie der späte Erich Mielke – als Sammlerstücke begehrt sein.« (H. C. Blumenberg)

V

Wie Zeitungen berichten, hat der Leiter des Leipziger Thomanerchors, Rotzsch, bereits vor längerer Zeit bei der Stadt Leipzig, in deren Diensten er steht, eine Erklärung unterzeichnet, daß er niemals für die DDR-Staatssicherheit gearbeitet habe. Jetzt wurde gleichfalls durch Zeitungen bekannt, Rotzsch sei jahrzehntelang Inoffizieller Mitarbeiter der DDR-Staatssicherheit gewesen. Sowohl er selbst wie auch sein ehemaliger Führungsoffizier bestätigten die Tatsache und teilten Einzelheiten der Kooperation mit. Statt der sonst in solchen Fällen üblichen Empörung in der Öffentlichkeit gab es diesmal bloß Beweise von Zuneigung und Vertrauen. Der Kantor habe das beste für den Chor gewollt. Der Mann sei immer introvertiert gewesen und eigentlich unpolitisch. Die Eltern der Thomaner stellten sich vor Rotzsch. Der Leipziger Oberbürgermeister sah sich genötigt, die Fortsetzung von Rotzschs künstlerischer Arbeit zu garantieren. Von der wissentlich falschen Erklärung des Kantors zur eigenen Person war nicht die Rede. Man erkannte zugleich, daß dem Fall eine förmliche Präzedenz zukam. Man wußte genau, daß, was Rotzsch eingeräumt wurde, anderen Stasi-Informanten schwerlich zu verweigern war. Tatsächlich scheint die Bedrohung, die von einer öffentlichen Stasi-Verdächtigung bisher ausging, jetzt nicht mehr wie gewohnt zu greifen. Ein

Journalist schrieb, am häufigsten falle gegen von außerhalb vorgetragene Vorwürfe zu Rotzsch ein Satz, dem im Osten eine ähnliche Karriere drohe wie einst im Westen dem bekannten »Geht doch nach drüben«. Der Satz laute: »Die haben hier alle nicht gelebt.« Der erste Thomaner-Auftritt nach den Enthüllungen lief vor einer vollbesetzten Kirche ab. Zum Schluß spielte die Orgel von Max Reger »O Lamm Gottes unschuldig«.

Über den Chef der ehemaligen DDR-Staatsgewerkschaft, Harry Tisch, dem wegen Amtsmißbrauchs und Veruntreuung von organisationseigenen Geldern der Prozeß gemacht wird, lese ich diese Sätze: »Als erster der Bankrotteure des alten Regimes steht er vor Gericht. Die Anklage ist, gemessen am Bedürfnis zur Abrechnung und den zahllosen schweren Verbrechen, die im Namen des Regimes begangen wurden, kläglich. Tisch hat nicht gemordet und nicht gefoltert. Doch er hat ein System mitgetragen, in dem gemordet und gefoltert wurde. Und nun hält man ihm Hotelrechnungen vor.«

Die demonstrative Friedensgesinnung vieler zumal deutscher Künstler im Zusammenhang mit dem Golfkonflikt findet eine einfache Erklärung. Sie läßt sich nachlesen in der von einer konservativen Zeitung gedruckten Bemerkung eines Kritikers: Allein der Gedanke an Truppenunterhaltung schon verpflichte zum Pazifismus.

Auch nach der Währungsreform ist das Bestattungsgeschäft zwischen den ehemals beiden deutschen Staaten grenzüberschreitend geblieben. In der kleinen Stadt Quedlinburg wurden allein in den ersten sechs Wochen des Jahres 1991 ein rundes Dutzend Leichen aus Goslar und Bad Harzburg zur Einäscherung angeliefert. Die 50 bis 70 Kilometer weite Fahrt und der Rücktransport der Urnen kamen immer noch billiger als die Verbrennung in entsprechenden Einrichtungen des Landes Niedersachsen. So beläuft sich eine Einäscherung in Quedlinburg auf 126, im alten Bundesgebiet auf 500 bis 600 D-Mark, die ärztliche Untersuchung pro Leiche kostet in Quedlinburg drei, im Alt-Bundesgebiet 50 bis 80 D-Mark. Während die neuen Bundesländer aufgrund des starken Wirtschaftsgefälles an den Westen ihre Lebenden verlieren, revanchiert sich, aus gleichem Anlaß, der Westen mit seinen Toten.

Die Nachricht, der dortige Staatsschutz habe jahrelang auch Schweizer Schriftsteller wie Max Frisch und Friedrich Dürrenmatt bespitzelt und Dossiers über sie angelegt, ist für mich, Autor mit Wohnsitz auf dem Gebiet der ehemaligen DDR, zu lesen beinahe tröstlich.

Der Schriftsteller Martin Walser erfand einen Detektiv, der, um ins Geschäft zu kommen, die Problemsituationen, die er erfolgreich lösen würde, zuvor selber ausgedacht und inszeniert hatte. Was wie die Kopfgeburt eines Belletristen erscheinen mag, ist in Wahrheit die korrekte Wiedergabe von Wirklichkeit. Phantastisch ist bei Walser allein der Ort des Geschehens, der, statt wie behauptet am Bodensee, sich vielmehr auf dem Gebiet der vormaligen DDR befindet. Dort nämlich haben sich zahlreiche Angehörige der früheren Staatssicherheitsbehörden inzwischen als Detektive niedergelassen und sind häufig mit Problemen befaßt, die sie jener Behörde verdanken, der sie einst dienten. So werden etwa die fehlenden Unterlagen in Fällen anstehender politischer Wiedergutmachung von ihnen beigebracht. Selbst scheinbar private Sachverhalte wie eheliche Untreue oder Fluchten von unehelichen Vätern werden erfolgreich von ihnen geklärt, da sie sich der Datensammlungen ihrer ehemaligen Behörde versichern können. Ebenso verhält es sich in Fällen von umstrittenen Eigentumsansprüchen bei Grund und Boden, wo Auskünfte und Unterlagen durch sie sehr viel rascher und verläßlicher beigebracht werden können als durch die völlig überlasteten staatlichen Ämter. Verschiedentlich ist schon der Verdacht geäußert worden, auf diese Weise bestünden die alten Stasi-Strukturen fort. Die Detektive weisen das entschieden von sich. Sie erstreben ihre Aufnahme in den ehrwürdig-bürgerlichen »Bund Deutscher Detektive«. Von fast schon wieder belletristischem Reiz ist der folgende wahre Vorfall: Ein Mann aus Ostberlin glaubte sich von Angehörigen der alten Stasi beschattet. Er suchte deswegen eine Detektei auf, die einem ehemaligen Stasi-Angehörigen unterstand. Die Auskunft, die der Mann schließlich erhielt, bestand darin, daß er tatsächlich von einem ehemaligen Stasi-Mann beschattet wurde. Dieser arbeitete jetzt gleichfalls als Detektiv, und zwar im Auftrag der Frau jenes Mannes, dessen eheliche Treue in Zweifel stand.

An die Wand einer Omnibus-Haltestelle im Ostberliner Stadtteil Marzahn schrieb jemand das Graffito *Rot Front verr.* Mittendrin muß der Sprayer entdeckt haben, daß er eigentlich einen Nachruf formuliert, und ließ darum von seinem Vorhaben ab.

Es ist die melancholische Eigenart guter ostjüdischer Witze, daß sie mit einer Pointe eine gesamte Weltsituation erhellen. Das jüngste Beispiel stammt aus der Sowjetunion. Wenn dort während des Februar 1991 Juden einander begegneten, stellten sie sich die Frage: »Fährst du in Saddams Krieg oder bleibst du in unserem?«

Kohl hat erreicht, was er wollte. Er ist in die Geschichte eingegangen. Für mich hat sich dadurch nichts geändert«, antwortete gegenüber einem Leipziger Demoskopie-Institut auf die Frage, wie er seine gegenwärtige Befindlichkeit beurteile, ein dreizehnjähriger Schüler.

Der letzte noch von der DDR akkreditierte Korrespondent einer großen Hamburger Redaktion gibt seinen Abschied. Seine Wohnung liegt in der Leipziger Straße, in einem der Häuserblocks aus den siebziger Jahren. Sie wurden damals errichtet für die ins Land strömenden Ausländer. Es war die Zeit der internationalen Anerkennung der DDR. In den anderen Etagen des Hauses wohnten Angehörige ausländischer Missionen. Vor dem Hauseingang stand immer ein uniformierter Polizist. Der Empfang heute hat den üblichen Zuschnitt. Kaltes Büfett. Lohnkellner. Drängelnde Leute. Ich kenne diese Wohnung seit den Anfängen. Ich erinnere mich, wie ich Günter Gaus, ersten Leiter der Ständigen Vertretung, hier erstmals traf; Anlaß war, daß die Wohnung eingeweiht wurde. Mit einem der späteren Korrespondenten war ich befreundet. Jede Woche holte ich politische Zeitschriften bei ihm ab. Er brachte Manuskripte von mir über die Grenze. Er brachte mir Bücher mit und wichtige, für mich bestimmte Post. Die gesamte inoffizielle Exportbelletristik der alten DDR wäre nicht zustande gekommen ohne solche Leute. In Wohnungen wie dieser wurden Zeitungsartikel verabredet, die hernach politische Geschichte machten. Über die Zahl der Geheimdienstmikrofone in den Wänden gibt es nur Mutmaßungen. Die Wohnung hat in der Zeit, da sie dieser Redaktion diente, drei-, viermal gründlich ihr Aussehen gewechselt. Zum Abschied sind auch ein paar ehemalige Angehörige der Ständigen Vertretung erschienen. Sie haben sich während der letzten

Monate verstreut, über ein Halbdutzend Berufe und Ämter. In ihren Gesprächen ist viel Erinnerung an die alte DDR. Die Worte klingen fast wehmütig. Die Wohnung, wie das gesamte Haus, gehört inzwischen der Bundesgebäudeverwaltung. Unten vor der Haustür steht kein Polizist mehr. An der Wand hängen Bilder eines Jungen Wilden aus Ostberlin. Er ist selber nicht anwesend. Er hält sich zu einem Studienaufenthalt in Brasilien auf. Vor zwei Jahren wäre die Vorstellung einer solchen Reise phantastisch gewesen. Wo sie nun geschehen kann, kommt sie beinahe banal vor. Ich denke daran, daß in dieser Wohnung zwei Jahrzehnte meines Lebens mitbestimmt wurden. Der Blick vom Balkon geht in den Westen der Stadt. Ich sehe die Mauer nicht, da sie nicht mehr steht. Bei abendlicher Dunkelheit, wie jetzt, konnte ich sie auch früher nicht sehen.

Das Wesen des Reimes besteht darin, daß zumeist grundverschiedene Begriffsinhalte durch Klangähnlichkeit einer heimlichen Identität entgegengeführt werden. Der Ausspruch, zwischen dem 3. November 1990 und der Gegenwart liege der Weg von der Einigung zur Peinigung, ist deswegen von einer gewissermaßen melancholischen Weisheit.

Ich erhalte einen Brief aus der Verwandtschaft. V. ist von Beruf Ingenieur. Er hat das Glück, in jenem kleinen Teil eines der ehemaligen DDR-Kombinate zu arbeiten, der von einer großen westdeutschen Maschinenfabrik übernommen worden ist. Er wird seine Arbeit behalten. Die anderen Teile des Kombinats werden aufgelöst, mehrere tausend Menschen werden stellungslos. N. und ihr Mann haben noch bis zum Sommer Arbeit. Dann wird das wissenschaftliche Institut, in dem sie beschäftigt sind, drastisch verkleinert, von 1700 Mitarbeitern auf 400. Ihr einstiger Institutschef, treuer SED-Mann, wurde unrühmlich bekannt, da er für westdeutsche Pharmafirmen Patientenversuche mit riskanten Medikamenten durchführen ließ, ohne Zustimmung und Kenntnis der Probanden. Er wurde schon vor längerem entlassen. Er übernimmt jetzt, heißt es, eine leitende Stellung in Südkorea.

An den ehemaligen DDR-Staatsgrenzen zum Ausland gibt es immer noch ein Flüchtlingsproblem. Während vor dem Ende des SED-Regimes darauf geachtet werden mußte, daß keine Deutschen illegal die Grenze überschritten, um in die Bundesrepublik zu gelangen, muß jetzt darauf geachtet werden, daß keine Ausländer unerlaubt die Grenze in umgekehrter Richtung passieren, um in die Bundesrepublik zu gelangen. Damals wie jetzt werden riskante Einsätze unternommen, um zum Ziel zu gelangen, etwa das Durchschwimmen von winterlichen Flüssen, auf denen Eis treibt. Die Angehörigen des Bundesgrenzschutzes, die über solche Aktionen berichten, in Sendungen des öffentlich-rechtlichen Fernsehens, haben den Ton amtlicher Mißbilligung und reden ostdeutsche Dialekte. Offensichtlich waren sie früher Angehörige der DDR-Grenztruppen, denn sie benutzen noch die einstige Terminologie, mit Wörtern wie *ausländische Bürger* und *Grenzverletzer.*

Zu den zynischsten Äußerungen westdeutscher Glücksritter, die unmittelbar nach Öffnung der Mauer in die ostdeutschen Regionen strömten, um dort ihr Schnäppchen zu machen, gehörte jene, daß die Leute in der DDR wie die Neger in Afrika seien, denen man problemlos Glasperlen andrehen könne. Wenn ich sehe, wie die Leute in den fünf neuen Bundesländern heute noch auf ihre veränderte Situation reagieren, ohne Widerstand, hilflos, staunend, zu trösten mit dem allerbilligsten Tand und dankbar für jede autoritäre Anweisung, muß ich zubilligen, daß jener Ausspruch nicht so sehr zynisch als vielmehr wahrhaftig ist.

Die Deutschen haben mit der Grenze leben lernen müssen. Hin und wieder flackerte Hoffnung auf, es könnte sich daran doch noch etwas ändern, so als die Sowjets Anfang der fünfziger Jahre Angebote auf Verhandlungen zur Vereinigung beider deutscher Staaten machten«, lese ich in einem Text, der dann fortfährt: »Der Mauerbau 1961 ließ solche falschen Träume platzen. Es war dieser Einschnitt, der Jahre später zu mehr Realismus gegenüber dem

Osten führte, jedenfalls den Nachdenklichen klarmachte, daß nur eine neue Politik für die Menschen hüben und drüben Besserung bringen konnte.« Der Text enthält noch diese rhetorische Frage: »Wollen wir Deutsche überhaupt, daß es anders sei in unserem geteilten Land?« Das alles entstammt einem Reisebuch, das sich seines politischen Realismus rühmen konnte und 1985 erschienen ist, in Darmstadt und Neuwied am Rhein. Der Verfasser ist ein Lehrer. Tröstlich zu erkennen, wie wenig Pädagogik manchmal vermag.

Eine Zeitung druckt einen langen Bericht über die gegenwärtigen Zustände in der Tschechoslowakei. Im großen sei die Ordnung dahin, heißt es. Im Parlament verstünden vielleicht noch zwanzig oder dreißig Leute, was wirklich verhandelt werde. Die meiste Zeit werde mit Wiederholungen oder Nebensächlichkeiten vertan. Die politischen Kräfte seien zersplittert. Die neuen Parteien hätten keine Kontur gewonnen, die Kommunisten die ihre verloren. In der Ökonomie regiere das Geld und nur das Geld. Die Regierung habe die Wirtschaftspolitik zu lange schleifen lassen. Die Betriebsleiter hätten nicht gewußt, mit welchen Wechselkursen, Zöllen, Preisen und Eigentümern rechnen. Sie hätten sich mit planwirtschaftlichen Reflexen gewehrt, ergänzt durch Preiserhöhungen nach Gutdünken. Die Freigabe fast aller Preise habe dann einen Sprung um fünfzig Prozent gebracht. Die Ersparnisse seien um ebensoviel abgewertet. Schwarzwechsler und Lagerhalter seien die Sieger. Die Begleiterscheinungen des Umbruchs seien enervierend. Der einzelne habe keinen einigermaßen zuverlässigen Regelkodex zur Verfügung, er könne keine Entscheidungen für sein Leben und das seiner Kinder treffen. Wer die Sünden der Vergangenheit benenne, werde mit den alten Methoden verfolgt, ihn erreichten Drohungen, meist anonyme. Irgendwann müsse eine gesellschaftliche Reinigung erfolgen. Der innenpolitische Barometerzeiger rücke auf Sturm. Dies alles liest sich wie ein Szenario jener Entwicklung, die auch die DDR durchlaufen hätte, wäre sie ein selbständiger Staat mit bürgerlichen Rechtsformen geblieben. Viele linke Intellektuelle im geeinten Deutschland trauern ihm immer noch nach, zum Beispiel Günter Grass.

Gelegentlich erfaßt mich eine nostalgische Neigung zu den untergegangenen Produkten der alten DDR-Warenwelt. Beim Aufräumen fand ich ein Kopftonikum, dessen Beipackzettel eine günstige Wirkung des Flascheninhaltes auf die *Haarzwiebeln* rühmte, was immer das sei.

Sie glauben nicht, mit welcher Arroganz und welchem frechen Lächeln mir täglich die Leute begegnen, die mich abgeholt und mit Handschellen ins Auto gebracht, die mich mit den unflätigsten Sprüchen zur Stasi-Zentrale in Erfurt gefahren haben«, sagt der ehemalige Häftling Nummer 1285/61. Ihm waren einst politische Äußerungen als staatsgefährdende Propaganda ausgelegt worden, wofür er dann drei Jahre und vier Monate Haft in der Strafvollzugsanstalt Waldheim verbüßte. Ende Februar 1991 wartet er immer noch auf seine juristische Rehabilitierung.

Die meistzitierten Gedichtzeilen zu Beginn des Jahres 1991 entstammen dem »Kriegslied« des Matthias Claudius und lauten: »'s ist leider Krieg – und ich begehre / Nicht schuld daran zu sein!« Das Zitat soll gewöhnlich den Eindruck erwecken, man suche nach einer Alibi-Erklärung, denn die Deutschen, mit sich selber und ihrer Vergangenheit beschäftigt, wollten sich der aktuellen militärischen Verantwortung entziehen. Matthias Claudius, der Christ, nahm die Gewaltlosigkeitsforderung der Bergpredigt ernst. Die Gründe für seine Schuldabweisung liefert er in allen Strophen des Liedes, die absolut pazifistisch klingen, da er bekennt, völlig ratlos zu sein, wenn »Hunger, böse Seuch und ihre Nöten / Freund, Freund und Feind ins Grab / Versammleten und mir zu Ehren krähten/Von einer Leich herab ...« Diese Zeilen werden nirgends zitiert.

Der höchste Mann in diesem deutschen Staat wurde durch die katastrophalen Folgen seiner eigenen Politik zur Abdankung gezwungen. Er floh mit seiner Frau in die Obhut einer fremden Macht. Die öffentliche Forderung, ihn vor Gericht zu stellen, wurde nicht befolgt und verstummte rasch. Ein Teil der Deutschen hing ihm weiterhin nostalgisch an. Sein Hang zur militärischen Hochrüstung und seine naive Freude am preußischen Parademarsch hinterließen tiefe Spuren. Aufgeklärtere unter den Zeitgenossen schauderten im nachhinein vor seinem glanzlosen und hochstapelnden Sprachstil, vor allem aber vor seinem spießigen Geschmack in Sachen Kunst und Architektur. Zu den wenigen Dingen, die man ihm nachrühmen konnte, gehörte der Umstand, daß er den Juden wohlgesonnen war. Von der Richtigkeit seines politischen Weges blieb er selbst nach seinem Sturz unerschütterlich überzeugt. Daß er sein altes Amt nicht mehr wahrnehmen konnte, sah er als das Resultat einer allgemeinen Verschwörung. Solche Dinge erfahre ich, anläßlich einer Ausstellung von Gegenständen aus dem Schloß Doorn, über Wilhelm II., letzten Kaiser der Deutschen. Es scheint bevorzugt der immergleiche Herrschertypus zu sein, durch den wir uns ruinieren lassen.

In der Kritik über einen ostdeutschen Spielfilm ist zu lesen von der »durch Sachlichkeit bemäntelten Larmoyanz«, die in der alten DDR als kritische Kunst geduldet worden sei. Dies scheint mir ein treffendes Urteil, und es gilt allgemein. Der Kritiker benennt noch richtig die Reaktion, die solche Art von Kunst in der Gegenwart und Zukunft erreichen wird: »Gleichgültigkeit«.

Eine nicht untypische Geschichte aus der alten DDR ist jene des Frank Pfütze. Er war Sohn eines ehrgeizigen Vaters, der seinem Kind eine Sportkarriere ermöglichen wollte. Die besten Ausbildungschancen bot zu jener Zeit der Club Dynamo, der dem Ministerium des Inneren und dem Ministerium für Staatssicherheit unterstand. Frank Pfütze wurde Schwimmer. Sein Vater hielt sich während der Trainingsstunden immer in der Nähe, »mit zwei Stoppuhren auf dem dicken Bauch«, wie sich ein Zeuge erinnert. 1974 nahm Frank Pfütze an den Schwimm-Europameisterschaften in Wien teil. Er gewann überraschend den Wettbewerb über 1500 Meter Freistil. Es wurde sein größter sportlicher Erfolg. Seine letzte bedeutende Leistung erbrachte er bei den Olympischen Spielen in Moskau, wo er, als Staffelmitglied, eine Silbermedaille gewann. Das war 1980. Seine Sportkarriere ging dann zu Ende. Er hatte in den schulischen Fächern immer Einzelunterricht erhalten, bis zum Abitur, vor allem anderen hatte das sportliche Trainingsprogramm seinen Platz. Frank Pfütze wollte jetzt von Beruf Journalist werden. Er studierte in Leipzig. Er wurde Presseoffizier bei seinem Club, Dynamo, er schrieb für dessen Hausblatt, er fotografierte, er betreute andere Journalisten. Nach den Herbstereignissen von 1989 wurde der Sportclub Dynamo aufgelöst. Frank Pfütze erhielt noch eine befristete Anstellung, als Pförtner. Er saß in einem kleinen Wachhäuschen hinter einer Glasscheibe und langweilte sich. Am 1. Januar 1991 wurde er in den Wartestand versetzt. Die Bewegungslosigkeit und die Apathie ließen ihn dick, fast unförmig werden. Mitte Januar 1991 litt er, wie schon vorher oft, unter heftigen Rückenschmerzen. Er fuhr zu einem Krankenhaus. Während der Anmeldung brach er zusammen. Eine Stunde lang bemühten sich Ärzte um seine Reanimation, es war alles vergeblich. Bei der Obduktion fand sich ein Blutgerinnsel in seinem Herzen. Frank Pfütze war 32 Jahre alt geworden. Er hinterließ eine Witwe und einen dreijährigen Sohn. Als Ursache seines körperlichen Verfalls wurde fehlerhaftes Abtrainieren genannt, auch die mögliche Nachwirkung von Doping-Präparaten. Pfützes Vater, der jetzt arbeitslos ist, redet von Kummertod.

Wir sind stumme Zeugen böser Taten gewesen, wir sind mit vielen Wassern gewaschen, wir haben die Künste der Verstellung, der mehrdeutigen Rede gelernt, wir sind durch Erfahrung mißtrauisch gegen die Menschen geworden und mußten ihnen die Wahrheit und das freie Wort oft schuldig bleiben, wir sind durch unerträgliche Konflikte mürbe oder vielleicht sogar zynisch geworden – sind wir noch brauchbar?« Die Frage klingt, als wäre sie nach den

Herbstereignissen von 1989 in der DDR gestellt. In Wahrheit handelt es sich um Worte des 1943 von der Gestapo verhafteten, 1945 im KZ Flossenbürg hingerichteten protestantischen Theologen Dietrich Bonhoeffer.

Zum ersten Mal seit Jahren gehe ich wieder durch Potsdam. Der größte Verkehrsstau begibt sich an der Brücke der Einheit, nach Westberlin, die achtundzwanzig Jahre lang nur benutzt wurde, wenn die beiden Weltmächte dort ihre verurteilten Spione austauschten. In den Fußgängerzonen mischen sich westlicher Nepp und östlicher Verfall. An den zahlreichen Imbißbuden versammeln sich Alkoholiker. Das holländische Viertel zeigt sich in erbärmlichem Bauzustand. An den Fensterscheiben einer reformierten Kirchengemeinde kleben die Insignien jener radikalpazifistischen religiösen Bewegung, die einst den Sturz des Honecker-Regimes mitbewirkte. Jetzt wirken die Poster und Sticker sonderbar altmodisch. Ihr Anblick berührt mich sehr. Im Großen Garten begegne ich zwei uniformierten sowjetischen Offizieren. Ihre Haltungen offenbaren Verlegenheit und Trotz. Die beiden Männer wirken, als müßten sie sich für ihre Existenz entschuldigen. Das Schloß Cäcilienhof zeigt Brandspuren. Im Inneren des Hotels hasten Industriemanager zum Telefon und verständigen sich unter lautem Gelächter. Es existiert kaum noch ein Hinweis, daß dies, Austragungsort der Potsdamer Konferenz, eben noch eine bedeutende Gedächtnisstätte des DDR-Sozialismus gewesen ist. Auch die historischen Gebäude im Park verfallen. Der Blick nach Westberlin trifft auf keinerlei Hindernis. Alle unnatürlichen Grenzen sind aus der Topographie entfernt. Als hätten sie niemals existiert.

Der abschließende Bericht des Bundesinnenministeriums über die mögliche Tätigkeit des ehemaligen DDR-Ministerpräsidenten für das frühere Ministerium für Staatssicherheit hat Lothar de Maizière ausdrücklich nicht entlastet. Daraufhin nahm er alle seine politischen Ämter wieder auf, während gleichzeitig zwei mit der Untersuchung beauftragte Historiker ihre Ämter verloren.

In dem nördlich von Berlin gelegenen Dorf Glambeck erschienen bald nach der Währungsunion Bauunternehmer aus Westberlin. Sie unterbreiteten ihre Pläne, einen Freizeitpark sowie einen Golfplatz in Glambeck anzulegen, sie sprachen von den finanziellen Vorteilen für die Kommune und sicherten sich damit die Unterstützung der Ortsverwaltung. Bäuerliche Familien, deren Felder von der Landwirtschaftlichen Produktionsgenossenschaft bewirtschaftet wurden, trennten sich von ihrem gesamten Grundbesitz. Die vereinbarten Kaufpreise lagen bei einer Mark pro Quadratmeter. Die Ortsverwaltung verwendete sich für das Geschäft, in Fällen, da Bodeneigner zögerten. Das Argument war, derart fließe viel Geld in die Kommune, und es würden neue Arbeitsplätze geschaffen. Inzwischen erweist sich, daß in der näheren Umgebung insgesamt 35 Golfplätze und 20 Freizeitzentren geplant sind. Das wäre das Zehnfache des anzunehmenden Bedarfs. Es erweist sich, daß die Grundstückskäufe nur zu Zwecken der Spekulation erfolgten. Es erweist sich, daß der ausgehandelte Bodenpreis zu niedrig war. Die früheren Eigner haben gleichwohl bisher noch kein Geld erhalten, da im abgeschlossenen Vertrag vereinbart wurde, daß Zahlungen erst erfolgen, wenn die Böden erschlossen sind. Die Erschließungsarbeiten soll laut abgeschlossenem Vertrag die Kommune leisten, die aber dafür keine Mittel besitzt. Die früheren Eigner sollen jetzt Grundsteuern zahlen. Sie wissen nicht, woher die Gelder dafür nehmen. Ihre Böden zu Zwecken landwirtschaftlicher Nutzung zu verpachten, ist ihnen durch die abgeschlossenen Verträge untersagt. Manche Leute von Glambeck reden von Rattenfängern, Bauerntölpeln und Dummheit. Der zuständige Landesminister redet von großräumigem Flächenmißbrauch.

Ein auch im internationalen Spielbetrieb viel eingesetzter Fußball-Schiedsrichter aus der ehemaligen DDR soll heimlicher Mitarbeiter des Ministeriums für Staatssicherheit gewesen sein. Er hätte, wenn die Nachricht denn stimmt, die Tätigkeit des Verpfeifens sowohl im wörtlichen als auch im übertragenen Sinne ausgeübt.

Ich begegne einem hohen Beamten der Bundesregierung, den ich seit längerem kenne. Er hatte die Aufgabe, ein großes Ministerium der ehemaligen DDR aufzulösen, nachdem die staatliche deutsche Einheit vollzogen war. Er amtierte in den Räumen eines Stellvertretenden Ministers, in einem durch die DDR neuerrichteten Gebäude. Die Räume bestanden aus einem Empfangssaal, zwei Vorzimmern, einem Ruheraum, einem Krankenzimmer, einer geheimen Nottreppe für unvorhergesehene Anlässe. Alle Stellvertretenden Minister, deren es in dieser Behörde mehrere gab, verfügten über solche Räume. Der Saal hatte schloßartige Dimensionen, war mit exotischen Hölzern getäfelt und protzig möbliert. Der Beamte, mein Bekannter, hat sich, erzählt er mir, jetzt nach Bonn zurückversetzen lassen, da er das erwähnte Ambiente nicht länger ertrug.

Der ehemalige kommunistische Diktator Bulgariens, Todor Schiwkoff, ist in Sofia vor ein Gericht gestellt worden. Wegen einst begangener politischer Untaten macht man ihm den Prozeß. Wie Zeitungen berichten, hält sich der siebzigjährige Angeklagte aufrecht, zäh und souverän. Seine Reaktionen kommen geistesgegenwärtig. Er antwortet witzig und selbstbewußt. Er ist ein offensichtlicher Zyniker, immerhin einer von Format. An Honecker und Tisch darf ich da gar nicht denken, Scham und Neid greifen nach mir.

Der Chemnitzer Dieter Noll wollte Karriere machen. Seine ersten Erfolge verdankte er einer gewissen Akzeptanz durch das breite Publikum. Er verschrieb sich rechtzeitig der herrschenden politischen Partei und beförderte sein eigenes weiteres Vorankommen mit ihrer Hilfe. Schließlich ließ er sich auf miese Händel ein. Er wurde, da dies ein öffentlicher Vorgang und er selbst eine öffentliche Person war, zu einem Objekt allgemeiner Verachtung. Selbst ehemalige Anhänger distanzierten sich nun von ihm. Die Rede ist von dem Schriftsteller dieses Namens, Nationalpreisträger aus der ehemaligen DDR. Die Rede ist von dem Oberbürgermeister dieses Namens, importiertem Politiker aus Rheinland-Pfalz. Es scheint, daß gleiche Namen manchmal mehr als ein Zufall, nämlich eine wortmagische Vorbestimmung sind.

Ein Hamburger Journalist ist erstaunt darüber, daß in der ehemaligen DDR so wenig öffentliche Auseinandersetzungen stattfinden. Er will dies deutlich machen am Beispiel einer Veranstaltung im Brecht-Zentrum zu Ostberlin, die er besucht hat. Dabei befanden sich wenigstens in diesem Falle Thema und Teilnahme in problemklärender Übereinstimmung. Es geht dies aus der Schilderung des Journalisten deutlich hervor, was der aber nicht zu bemerken scheint. Angebotenes Thema nämlich war die Frage: »Was bleibt vom Marxismus?« Antwort darauf gab die Beschaffenheit der Teilnehmer: »Zehn bedrückte Damen und Herren.«

In jedem Linken, lese ich, stecke ein Kapitalist. Er wolle, lese ich weiter, die Menschen beglücken mit Produktion, Konsumption und einem Aufstieg auf der endlosen Glücksleiter, jedoch tief in seinem Inneren nage der Verdacht, daß dies der Kapitalismus eigentlich viel besser könne. Man muß wissen, daß der Verfasser dieser Feststellung natürlich ein Linker ist.

Trotz seiner offensichtlichen Unsinnigkeit, oder eben deswegen, hat der Begriff *Gesinnungsästhetik* sich in der öffentlichen Diskussion gehalten und soll nun außer der ehemaligen DDR, auf deren Intelligentsia er ursprünglich gemünzt war, auch noch bedeutende Teile der westdeutschen Nachkriegskultur betreffen. Bekanntlich entstand der Begriff in Analogie zu Max Webers Begriff *Gesinnungsethik*. Max Weber erfand das Wort als Gegensatz zu der gleichfalls von ihm erfundenen *Verantwortungsethik*. Die neuen Begriffsfinder sollten in ihrer Analogiebildung konsequent sein und hinfort auch eine *Verantwortungsästhetik* ins Spiel bringen. Als mögliche paradigmatische Vertreter dieses Typus böten sich Karin Struck, Bazon Brock und Eckhard Henscheid an.

Der deutsche Bundespräsident hatte zu einer Schriftstellerlesung eingeladen in seinen Berliner Amtssitz Schloß Bellevue. Es würden vortragen ein Autor aus dem deutschen Osten, einer aus dem deutschen Westen, beide Angehörige der gleichen Generation. Der Autor aus der ehemaligen DDR wirkte schmal, bescheiden, fast schütter, er las einen einfachen Text über die eigene Biographie, er versprach sich manchmal, er wirkte, als fühle er sich durch diese öffentliche Präsentation etwas überfordert und müsse gleichsam dafür um Entschuldigung bitten. Der Autor aus dem Westen war perfekt, raumgreifend, strotzend vor Selbstsicherheit, er referierte europäische Kulturgeschichte und grundsätzliche Ansichten zu Tod, Leben, Politik, Krieg, Frieden in kunstvoller, hochmanieristischer Prosa, er schloß mit einer drastischen Provokation, die völlig gerechtfertigt und auf Schlagzeilen aus war. Alles geschah wie im vereinten Deutschland auch sonst.

Vielleicht«, lese ich, »hatte Honecker doch recht, und die Mauer steht noch hundert Jahre, die im Kopf.«

VI

Angesichts der steil anwachsenden Arbeitsplatzverluste in den fünf neuen Bundesländern ist gesagt worden, zum ersten Mal in der neueren menschlichen Geschichte stimme auch im Wortsinn der Satz *Die Revolution entläßt ihre Kinder.*

Ein Theatermann erzählt mir, die ärgsten Gefährdungen des Dresdner Opernbetriebs entstünden nicht etwa durch Geldmangel oder durch die desolate Situation von Publikum und Tourismus, sondern durch die massiven Intrigen der Stadt München. Dort, zumal am Nationaltheater, bestehe die Furcht, die Dresdner Semper-Oper könne ihren einst zu Zeiten der Richard-Strauss-Uraufführungen gehaltenen Weltrang wiedererlangen. München als Musikstadt würde damit zurückfallen in die alte, vergleichsweise bescheidene Situation, die es zwischen den Kriegen hatte. Diese Argumentation leuchtet mir ein. Bisher hatte ich die Behauptung, der Kulturbetrieb in den Altbundesländern wolle jenen in der ehemaligen DDR aus Gründen von Marktanteilen und Konkurrenz auslöschen, immer bloß für ein dummes Gerücht gehalten.

Karriere eines Bauwerks in neuerer deutscher Zeit. Der Gebäudekomplex am Bogensee, gelegen nordöstlich von Berlin, war ursprünglich ein Geburtstagsgeschenk für den Nazi-Gauleiter und Propagandaminister Joseph Goebbels. Nach dem Ende des Zweiten Weltkriegs benutzte ihn die Rote Armee, als Lazarett. Dann ging er über in den Besitz der kommunistischen Jugendorganisation FDJ, die darin eine Hochschule für ihre Funktionäre betrieb. Jetzt werden dort Nachwuchsmanager der Deutschen Bank trainiert.

Ida Blutreich aus Galizien wurde im Herbst 1941 von ihren Eltern veranlaßt, sich in ein ukrainisches Bauernmädchen zu verwandeln. Sie sollte auf diese Weise dem Holocaust entkommen. Mit gefälschten Papieren und einem Kruzifix am Hals wurde sie als Fremdarbeiterin bis nach Österreich geschickt, wo sie im Hause eines SS-Führers als Hausmädchen arbeitete. Sie war so anstellig, daß sie von ihren Arbeitgebern adoptiert werden sollte. Die dafür erforderlichen Rasseuntersuchungen bestand sie problemlos. Um der drohenden Adoption zu entgehen, wurde sie plötzlich in ihrer Tätigkeit unachtsam und faul, verlor deswegen ihre Stellung und mußte daraufhin in der deutschen Rüstungsindustrie arbeiten. Die Gestapo wollte sie als Spitzel beschäftigen. Sie sollte Juden denunzieren, die sich als Fremdarbeiter tarnten, um so der Verfolgung zu entgehen. Da verlor sie die Nerven und schrie, sie selber sei eine Jüdin. Man brachte sie nach Auschwitz. Da sie infolge ihres bisherigen Lebens noch in vergleichsweise guter körperlicher Verfassung war, überstand sie den Aufenthalt. Nach dem Kriegsende floh sie vor den Drohungen des polnisch-russischen Antisemitismus nach Israel. Ihre Immigration dauerte insgesamt drei Jahre, denn sie mußte längere Zeit in einem Internierungslager auf Zypern zubringen. In Tel Aviv heiratete sie, bekam Kinder und Enkelkinder, machte Karriere in einem Ministerium und schrieb ihre Lebensgeschichte auf. Während eines Luftalarms, da aus dem Irak russische Scud-Raketen, möglicherweise mit von Deutschen hergestelltem Giftgas, auf Israel flogen, starb sie, in der Nacht vom 18. zum 19. Januar 1991. Zunächst hieß es, sie sei beim Anlegen ihrer Gasmaske erstickt. Inzwischen weiß man, daß ihre Todesursache die Angst war.

In Dresden, wo, wie in der gesamten ehemaligen DDR, auf Grund der drohenden Arbeitsplatzverluste eine Selbstmordwelle droht, ist letzte Zuflucht der Suizidgefährdeten eine Klinik für Neuropsychiatrie, die ihrerseits von Arbeitsplatzverlusten bedroht wird.

Das größte Kreditinstitut des Landes, die Deutsche Bank, hat Filialen der ehemaligen DDR-Staatsbank übernommen mitsamt allen Mitarbeitern. Da deren Zahl zu groß war, mußten Entlassungen vorgenommen werden. Die Filiale in einem nördlichen Bundesland wurde ursprünglich von zwei gleichberechtigten Mitarbeitern geleitet. Einer der beiden hatte sich vor dem Herbst '89 in kirchlichen Gruppen organisiert und gehörte später zu den Gründungsmitgliedern des Neuen Forums. Der andere war ein politischer Opportunist gewesen und hatte willig mit dem Ministerium für Staatssicherheit kooperiert. Die Deutsche Bank übernahm den Opportunisten und schult ihn derzeit auf entsprechenden Lehrgängen für seine künftige Führungsaufgabe. Er habe sich durch seine größere Flexibilität empfohlen. Der dafür verantwortliche Direktor des Kreditinstituts sagt noch: »Wir schauen nicht auf die Vergangenheit. Wir fangen neu an: Jeder ist willkommen, der will und kann.«

Eine Frau in Schwerin verlor ihre Arbeitsstelle als Reinigungskraft. Offenbar war ihr es peinlich, Schulden zu machen oder Sozialhilfe zu beantragen. Nachbarn fanden die erst 42jährige Frau tot in ihrer Wohnung. Sie war an Kälte und Hunger gestorben.

In der sächsischen Stadt Leisnig stürmten eines Nachts 30 Betrunkene das örtliche Ausländerasyl. Mit Zaunpfählen, Spaten und Eisenstangen verfolgten sie die Asylanten, meist Eritreer und Pakistani, die sich überwiegend durch die Flucht aus dem Fenster retten konnten, woraufhin die Betrunkenen das Mobiliar zertrümmerten. Hilferufe der Opfer blieben ungehört, Schwerverletzte konnten erst nach

Stunden versorgt werden. Das Ereignis, das als die bisher schwerste Ausschreitung gegen ein Asylantenheim in Deutschland gilt, blieb weitgehend unbekannt, denn, wie ein Journalist aus der Region sagte, Ausschreitungen gegen Ausländer seien »eben keine Nachricht mehr«.

Ein Kulturfunktionär aus der ehemaligen DDR erhielt längere Zeit vor dem Herbst '89 ein Besuchervisum für Westdeutschland. Bei seiner Rückkehr wurde in seinem Gepäck Haschisch entdeckt, worauf man ihm den Reisepaß entzog. Nunmehr möchte er als Opfer politischer Verfolgung gelten.

Die Deutschen hätten den Krieg verloren, der Europa ins Unglück stieß, aber sie seien die Gewinner des Friedens geworden, bei welchem andere, die Sieger von einst, ihr Versailles erlebten, schreibt der Kulturhistoriker Karl Schlögel. Er ist studierter Slawist, und so läßt sich ahnen, an wen er zuerst denkt, da er von einem modernen Versailles redet. Der Hauptleidtragende des klassischen Versailles, Deutschland, verlor nach 1919 seine politische Einflußsphäre sowie große Teile seines staatlichen Territoriums. Die Währung verfiel, und das Volk verelendete, bis es sich einer faschistischen Diktatur ergab.

Ich hätte am liebsten eine Pistole«, sagt ein Deutscher aus den neuen Bundesländern. »Aber ich wüßte nicht mal genau, wen ich damit erschießen soll: Die Lügner von heute, die Lügner von damals oder mich selber, damit ich nicht mehr belogen werde.«

Eine für die ehemalige DDR charakteristische Biographie ist jene des Peter Bohdin. Als junger Mensch gehörte er 1948 zu einer sozialdemokratischen Initiativ-Gruppe. Er wurde verhaftet. Wegen antisowjetischer Hetze und konterrevolutionärer Tätigkeit wurde er zu zehn Jahren Arbeitslager verurteilt. Er verbüßte sie zunächst in dem ehemaligen Nazi-Konzentrationslager Sachsenhausen, später im sowjetischen Workuta. Seine Leidensgefährten waren deutsche Sozialdemokraten und deutsche Kommunisten, unter anderen. Das Teuflische am Stalinismus, sagt er heute, sei die Systemlosigkeit des Terrors gewesen. 1953, drei Wochen nach Stalins Tod, kam er vorzeitig frei. Er mußte die schriftliche Versicherung abgeben, daß er über seinen Aufenthalt in Sibirien zu niemandem eine Äußerung machen werde. Er fuhr heim mit der Legende, daß er, im Zusammenhang mit deutschen Reparationsleistungen, für einige Jahre in der UdSSR als Spezialist gearbeitet habe. Der Versuchung, nach seiner Rückkehr über die damals noch offene deutsch-deutsche Grenze zu wechseln, gab er nicht nach, mit Rücksicht auf seine Familie. Da seine Personalakte keinerlei negative Vermerke aufwies und er zudem fließend russisch sprach, machte er rasch Karriere. Er reiste mehrfach wieder nach Moskau. Von seinen Erlebnissen zwischen 1948 und 1953 erzählte er nicht einmal seinen Kindern. »So merkwürdig es klingt«, sagt er heute, »aber man muß ehrlich sein: Ich habe mich mit der DDR identifiziert.« Seine Leidensgeschichte schrieb er erst nach dem Fall der Mauer auf. Inzwischen ist sie als Buch erschienen.

Die alten Fehden gehen weiter, und wie sollten sie nicht. Wolf Biermann nennt Hermann Kant den Karl-Eduard von Schnitzler der Literatur. Eine ostdeutsche Kritikerin nennt Wolf Biermann den Willy Millowitsch des politischen Entertainments.

Zu den Lieblingsvokabeln der politischen Klasse in der alten DDR gehörte das Wort *unverbrüchlich*. Es wurde bevorzugt verwendet im Zusammenhang mit Treue und Freundschaft, beides besonders im Hinblick auf die Sowjetunion. Man könnte die Vorliebe für das Wort *unverbrüchlich* mit der auch sonst in der alten DDR verbreiteten Neigung zu altertümlich-barocken Sprachfiguren erklären, aber wahrscheinlich wirkte außerdem das Unterbewußtsein mit, denn es ist nicht zu überhören, daß in diesem Wort der Begriff *Verbrechen* wohnt.

Es zeuge vom Sarkasmus der Geschichte, schreibt ein Journalist, daß die Deutsche Demokratische Republik sich erst dann zum Zusammenbruch entschloß, als *Bild* und *Welt* sich mit der Existenz dieses Staates abgefunden und auf die bekannten ominösen Anführungszeichen bei der Namensnennung verzichtet hatten.

Die Familie stammte aus Ostpreußen, aus einem kleinen Dorf, wo Werner M., Nationalsozialist der ersten Stunde, später zum gefürchteten Ortsbauernführer wurde. Beim Nahen der Roten Armee 1945 begab sich die Familie auf die Flucht. Sie gelangten bis zum östlichen Ortsrand von Berlin, wo sie von der Front und dem Kriegsende eingeholt wurden. Das Dorf, wo sie jetzt leben, gehörte zu einem großen Gut, das 1946 unter die Bestimmungen der Bodenreform fiel. Familie M. erhielt ihren Bodenanteil, sie wurden Neubauern. Heinz M., der älteste Sohn, trat der SED bei und engagierte sich in der Kollektivierung zu Beginn der fünfziger Jahre. In der Genossenschaft, der er beitrat, wurde er erst Parteisekretär, später Vorsitzender, daneben hatte er hohe Parteiämter inne. Nach dem politischen Zusammenbruch der DDR wurde die Genossenschaft auf Wunsch der Mitgliedermehrheit aufgelöst. Heinz M. erhielt den eingebrachten Boden zurück. Er verkaufte ihn, der verkehrstechnisch günstig lag, an einen Grundstücksmakler aus Westberlin als Baugrund und wurde in dem Dorf der erste Millionär.

Eine Frau aus Mecklenburg-Vorpommern, die gleichzeitig mit ihrem Ehemann und ihrem Sohn arbeitslos wurde, tat den erbitterten Ausspruch: »Was soll ich machen? Soll ich denn nach Hamburg auf'n Strich gehen?« Melancholisch fügte sie hinzu: »Aber da will mich ja auch keiner mehr.«

Graffito an einer Leipziger Hauswand: »Mietenhaie zu Fischstäbchen!«

Der Tonsetzer hatte sich, wie manch anderer aus seiner Branche, dem politischen Herrschaftssystem ganz verschrieben. Er vertrat jenen auf die deutsche Volksmusik gründenden populären Kompositionsstil, der den ästhetischen Überzeugungen der Herrschenden entsprach. Er vertonte politische Kantatentexte, er schrieb Musiken für öffentliche Veranstaltungen von Partei und Staat und wurde dafür vielfach geehrt. Nach dem Zusammenbruch des Systems war er gleich mit einer hübschen unpolitischen Gebrauchsoper auf dem Markt. Sie wurde jetzt, Anfang 1991, im Theater der Stadt Greifswald aufgeführt. Die Rede ist von Cesar Bresgen, dem Nazi-Komponisten, der die erwähnte Oper, *Der Igel als Bräutigam*, nach dem Ende des letzten Krieges verfaßte. Ähnliche Geschichtserfahrungen zeitigen ähnliche Ergebnisse.

Zum ersten Mal seit dem Datum der deutschen Vereinigung fahre ich auf der Küstenstraße zwischen Wismar und Lübeck. Die Reste der alten DDR-Grenzbefestigung haben sich der Topographie eingeprägt wie Narben. Kurz vor dem ehemaligen Kontrollpunkt Selmsdorf stehen links und rechts der Straße Ansammlungen von Peitschenlampen, mitten im Wald. Die Sichtblenden rechts des Weges sind fortgeräumt. Die Trampelpfade für die Militärpatrouillen verlaufen nun sinnlos und häßlich vor den Panoramen der Lübecker Bucht. Auch die betonenen Wachttürme sind noch vorhanden. Unmittelbar neben einem von ihnen hat sich eine Aalräucherei etabliert. Die alte DDR-Grenzstele steht weiß und riesig, unmittelbar neben der ehemaligen Demarkationslinie, das Staatswappen mit Hammer und Zirkel im Ährenkranz wurde herausgebrochen, davon existiert so nur noch ein leeres kreisrundes Loch. Links und rechts der Straße frißt sich ein graubrauner unbewachsener Feldstreifen durch die bewaldete Landschaft. Hier war, des besseren Überblicks wegen, vor allem für Fälle des Schußwaffengebrauchs, sämtlicher Pflanzenwuchs unterdrückt mittels Pestiziden. Die eigentlichen Kontrollanlagen, überdachte Buchten, die vorgeschriebenen Fahrspuren mit Nummern versehen, sind verwaist. Auf den Wänden kleben Werbeplakate für Konsumartikel und Publikumsveranstaltungen. An jenem Bürocontainer, durch dessen Fenster früher von Uniformierten die visierten Reisepässe zurückgereicht wurden, hängt eine bunte Affiche mit der Schlagzeile *Dackeltreffen*.

Man hat richtig festgestellt, schon zu Zeiten seiner Machtausübung sei Erich Honecker der Tyrann in der Gestalt des Rentners gewesen.

Im Jahre 1950 versuchte die 24jährige Irmgard Stark über die thüringisch-hessische Grenze nach Westdeutschland zu fliehen. Durch einen DDR-Grenzposten wurde sie aufgebracht und erschossen. Ihr Bruder ging dem Todesfall sofort nach, er konnte die Identität des Grenzposten ermitteln und erstattete gegen ihn Strafanzeige, die vom DDR-Innenministerium niedergeschlagen wurde. Nach dem politischen Ende der DDR im Jahre 1990 erstattete der Mann abermals Anzeige gegen den nunmehr in Sondershausen lebenden Todesschützen. Der zuständige Staatsanwalt in Meiningen, ein soeben aus den Altbundesländern zugewanderter Jurist, stellte das Verfahren unter Berufung auf den Wortlaut des deutsch-deutschen Einigungsvertrages ein. Die Tat sei inzwischen verjährt.

Für die geistige Situation der alten DDR bezeichnend ist der Umstand, daß Gisela Oechelhaeuser, Kabarettistin und damit Angehörige eines der wenigen Berufsstände, wo Unabhängigkeit des Denkens auch unter Honecker möglich, weil erforderlich war, während einer Radio-Diskussion im Rückblick auf die alten Zustände behauptete, es gebe ein Menschenrecht auf Anpassung.

In einem Zeitungsartikel lese ich von der »doppelten Frustration der DDR-Bürger«, nämlich »erst im falschen System gelebt und zugleich sich über das andere System Illusionen hingegeben« zu haben.

Der Münchner Journalist Herbert Riehl-Heyse erzählt von seiner Begegnung mit dem Schauspieler Hans Joachim Mann. Dieser, ein Mann vom Geburtsjahrgang 1933, mußte mit seiner Familie bei Kriegsende von Pommern nach Sachsen-Anhalt fliehen. Er lebte dort bis 1952, ertrug die herrschenden Zustände nicht und wechselte in den deutschen Westen. Er wollte Schauspieler werden, absolvierte eine mit persönlichen Opfern erkaufte Ausbildung, aber brachte es bloß zum Inspizienten mit gelegentlichen Spielverpflichtungen an verschiedenen Provinztheatern. Das ging so bis 1967. Angelockt durch Berichte vom Sprechtheater-Paradies in der DDR, kehrte er in den ostdeutschen Staat zurück. Wiederum wurde er in die Provinz engagiert, wiederum mußte er als Inspizient arbeiten. Als er in seiner Wut Äußerungen seiner grundsätzlichen Mißbilligung der herrschenden politischen Zustände tut, wird er von einem Spitzel denunziert und verhaftet. Die erste Strafe gegen ihn wird noch zur Bewährung ausgesetzt. Er wiederholt sein Vergehen und gerät damit in einen Kreislauf aus Haftverbüßung und versuchter Wiedereingliederung, immer in der nämlichen mitteldeutschen Chemieindustrie, die ihm allmählich die Gesundheit ruiniert. Er bringt es auf

Freiheitsstrafen in einer Gesamthöhe von sieben Jahren. Den 9. November 1989 erlebt er in der Justizvollzugsanstalt Bitterfeld. Inzwischen wohnt er im Bayerischen und erwartet eine materielle Entschädigung für seine aus politischen Gründen verbüßte Haft. Er ist auch wieder engagiert an einem Theater, einem der berühmtesten des Sprachraums, nicht als Inspizient. Er darf eine Rolle spielen in einem Stück über die Wiedervereinigung. Angestachelt von Deutschland-Rufen, stürzt sich dort eine vermischte Gesellschaft über ihn und tilgt ihn aus. Nur seine Kleider bleiben zurück.

Ein satirischer Autor aus der früheren DDR äußerte kürzlich: Besonders nachdenklich stimme ihn, daß die Leute, die früher keine Probleme mit der Macht hatten, heute auch keine hätten.

Am 5. Mai 1991, dem 173. Geburtstag von Karl Marx, wurde dem Toten ein Brief geschrieben und an dessen Grabe auf dem Londoner Highgate-Friedhof deponiert. »Ein Herr Blüm hat in Umlauf gesetzt, Du seiest tot und Jesus lebe. Doch frage nicht, was sie von Jesus leben lassen. Mit seiner Bergpredigt gehen sie um wie Deine Apologeten mit Dir: totreden.« Diese Sätze sagen aus, daß Marx so gründlich tot sei wie Jesus: infolge seiner Anhänger. Der sie schrieb, muß es wissen. Er heißt André Brie und ist Stellvertretender Vorsitzender der SED-Nachfolgepartei PDS.

Das vereinte Deutschland ist in seiner Substanz kein christlich geprägtes Land, es ist weder katholisch noch protestantisch«, lese ich in einem Kommentar. »Christlich ist allein die Kirchensteuer.«

Ein Hamburger Bürger legte beim Frühstück die Morgenzeitung beiseite, aus der er soeben die parlamentarische Verabschiedung des Steuerpakets zur Finanzierung der deutschen Einheit erfahren hatte, und sagte nachdenklich zu seiner Frau: »Als wir denen da drüben noch Weihnachtspakete geschickt haben, kam uns das billiger.«

Zur Illustrierung der gegenwärtigen politischen Stimmung in den fünf neuen Bundesländern eignet sich die folgende dort erzählte Anekdote: Ein ostdeutscher Bauer erfährt Besuch von einer Grimmschen Märchenfee. Sie eröffnet ihm, er könne einen Wunsch äußern, der ihm auch sofort in Erfüllung gehen werde, freilich mit der Maßgabe, daß exakt zur gleichen Zeit seinem westdeutschen Nachbarn die doppelte Menge des Erwünschten zuteil würde. Der ostdeutsche Bauer denkt lange nach und sagt dann: »Ich wünsche mir, daß du mir ein Auge ausreißt.«

Vom Ausgang des kalten Krieges wird behauptet, es hätten ihn die richtigen Leute verloren, aber die falschen gewonnen.

Rechtsprechung im geteilten und wiedervereinigten Deutschland. Herr D., Berufskraftfahrer aus der Hauptstadt der DDR, sonst ein zurückhaltender und ruhiger Mensch, betrinkt sich. Es ist das Frühjahr 1968. Herr D. sitzt in einer öffentlichen Gaststätte Ostberlins und äußert lautstark seinen politischen Unmut. Er beschimpft die Volkspolizei, die volkseigene Industrie, den gesamten Arbeiter- und Bauernstaat. Vom damals ersten Mann im Staat sagt er, daß er, hätte er eine Schußwaffe zur Verfügung, Walter Ulbricht damit erledigen würde, da er in seinem Lkw gelegentlich hinter dem Mächtigen herfahre. Der Trunkenbold wird angezeigt. Mit dem belastenden Zeugnis eines anderen Kneipengastes und des Kellners wird gegen Herrn D. vor einem Stadtbezirksgericht in Ostberlin verhandelt. Trotz des erwiesenermaßen hohen Blutalkoholwertes von 2,1 Promille zur Tatzeit wird auf Morddrohung erkannt und Herr D. zu einer Gefängnisstrafe von 10 Monaten verurteilt. In der Berufungsverhandlung vor dem Stadtgericht Berlin wird das Verhalten des Angeklagten als betrunkenes Geschwätz qualifiziert und der Vollzug der Strafe ausgesetzt. Der Generalstaatsanwalt erwirkt beim Obersten Gericht der DDR eine Kassation des Berufungsurteils. Der Fall geht zurück an das Stadtgericht, das in neuerlicher Verhandlung gleichfalls auf Morddrohung entscheidet, den Berufungsantrag abweist und damit das Urteil in erster Instanz bestätigt. Der Verurteilte hat seine Strafe zu verbüßen. Dadurch und durch die mit den Prozessen verbundene öffentliche Aufmerksamkeit hat er schwere Nachteile hinzunehmen. Mehr als zwei Jahrzehnte später, nach der Wiedervereinigung, beantragt Herr D. über seinen Rechtsanwalt die Kassation des Urteils von 1968. Die Staatsanwaltschaft beim Kammergericht Berlin bestätigt, daß der Antrag nach dem Einigungsvertrag zulässig sei. Die Staatsanwaltschaft wendet sich gegen die Kassation des Urteils von 1968 und rechtfertigt den damaligen Schuldspruch. Lediglich die Strafzumessung sei gröblich unrichtig. Auf Grund der vorliegenden Tatsachen erscheine es angemessen, auf eine Geldstrafe von 150 Mark zu erkennen, die, da bisher nicht ausgesprochen, der Verurteilte dann auch noch zu zahlen hätte. »Eigentlich«, seufzt Herrn D.'s Anwalt, »habe ich mir die Aufarbeitung der Stasi-Vergangenheit etwas anders vorgestellt.«

Über den Patriotismus in der gegenwärtigen Sowjetunion angesichts der Verlockungen des ausländischen Kapitalismus belehrt ein Ausspruch des sowjetischen Schriftstellers Awruschin: »Hier bin ich geboren, hier will ich sterben, aber leben – dort.«

Trotz unleugbarem Ende des Kalten Krieges hat der britische Spionageroman-Autor John le Carré einen neuen Agentenroman veröffentlicht, in dem auch sein berühmtester Held, Geheimdienstmann George Smiley, wieder auftritt. Dies sei »für Süchtige ein unwiderstehlicher Köder«, schreibt ein Rezensent. »In der Wirklichkeit gibt es bloß Mielke.«

Im Hinblick auf die Aufarbeitung der Stasi-Altlasten in der ehemaligen DDR wurde gesagt, daß, wenn heute dort die Krätze jucke, man beim Kratzen berücksichtigen müsse, daß auch die Milben Anspruch auf Datenschutz hätten.

In Helbra, einer Stadt des Bundeslandes Sachsen-Anhalt, wurden von einer aufgelassenen Kupferhütte Leiterplatten von Computern verschwelt, noch zu Zeiten der alten DDR. Die dabei freigesetzten Gifte, Schwermetalle und Dioxine, haben den Boden verseucht. Laut einer Untersuchung des Technischen Überwachungsvereins Bayreuth gehört Helbra zu den ökologisch am schwersten belasteten Regionen in den neuen Bundesländern. Nun hat man, auf dem Gelände der mittlerweile völlig stillgelegten Fabrik, sowjetische Juden untergebracht. Einige von ihnen klagen bereits über medizinische Probleme. Das zuständige Innenministerium rühmt sich, die Unterbringung betreffend, seiner humanitären Hilfe. Der Bürgermeister von Helbra verteidigt auch nach Bekanntwerden der Umweltdaten die Art und den Ort der Unterbringung. Somit sehen sich die Ostjuden einer ihnen seit langem vertrauten Reaktion auf ihre Existenz gegenüber: Von den Russen werden sie verjagt, die Deutschen begegnen ihnen mit Gift.

Dem Hinweis auf die offensichtlich bescheidenen Lebensumstände Hans Modrows, des ehemaligen

SED-Bezirkssekretärs von Dresden und vorletzten DDR-Ministerpräsidenten, wurde neulich geantwortet, auch König Friedrich Wilhelm I. von Preußen habe immer nur Erbsensuppe gegessen.

Ein Ausspruch des austro-jüdischen Dokumentaristen Simon Wiesenthal wurde zwar auf österreichische Verhältnisse gemünzt, hat aber, wie jeder gute Vergleich, auch anderswo seine Gültigkeit, etwa betreffend die Spitzenpolitiker aus der allerletzten Existenzphase der DDR: »Politische Raketen haben mit echten Raketen eines gemeinsam: Sie bleiben nicht oben.«

Man hat gesagt, die Leute, die sich am 9. November 1989, also bei der Öffnung der Berliner Mauer, in den Armen gelegen hätten, lägen sich heute in den Haaren.

Für die Dialektik von Wandel und Unwandelbarkeit in der alten DDR ist bezeichnend die folgende Anekdote: Entgegen der durch Beschluß des Politbüros der SED getroffenen Entscheidung, daß zwei mal zwei acht sei, behauptet ein DDR-Naturwissenschaftler, zwei mal zwei sei vier. Er wird verhaftet und wegen feindlicher Provokation gegen die Politik von Partei und Regierung zu einer langjährigen Freiheitsstrafe verurteilt, die er im Zuchthaus Bautzen verbüßt. Durch eine Amnestie zum Republik-Feiertag kommt er vorzeitig frei. Die politische Gewalt im Land ist inzwischen von Walter Ulbricht auf Erich Honecker übergegangen. Mit Beschluß des Politbüros der SED ist soeben entschieden worden, zwei mal zwei sei sechs. Der in die Freiheit entlassene Naturwissenschaftler behauptet nach wie vor, zwei mal zwei sei vier. Er wird zu seinem Arbeitgeber bestellt und auf sein provokatives Verhalten aufmerksam gemacht. Er beharrt weiterhin auf seiner Meinung. Da beugt sich der Vorgesetzte zu ihm und sagt: »Warum sind Sie nur so starrsinnig? Wollen Sie denn, daß zwei mal zwei wieder acht sind?«

In weiser Selbsterkenntnis hat die SED-Nachfolgeorganisation PDS anläßlich ihres Parteikongresses in Berlin, Juni '91, im Vestibül des Tagungshauses das folgende Zitat von Bertolt Brecht aushängen lassen: »Woran arbeiten Sie, wurde Herr K. gefragt. Herr K. antwortete: ›Ich habe viel Mühe, ich bereite meinen nächsten Irrtum vor.‹«

Über den voraussichtlichen Gang der politisch-wirtschaftlichen Ereignisse mit ihrer Amerikanisierung des Lebens in der damaligen DDR hatten eigentlich schon die allerersten öffentlichen Verlautbarungen des Herbstes '89 Auskunft gegeben. Bekanntlich riefen damals die Leute: *Wir sind das Volk!* Mit den genau gleichen Worten beginnt die US-amerikanische Verfassung.

Grenzgebiet

Spätestens vier Wochen vor Reiseantritt war es unumgänglich, das zuständige Volkspolizeikreisamt aufzusuchen und einen förmlichen Antrag zu stellen. Der dafür vorgeschriebene Fragebogen wollte außer den üblichen Personaldaten noch den Reisegrund, die Art des Transportmittels und die Umstände der letzten Aufenthalte im nicht-sozialistischen Ausland erfahren. Dreißig Tage später ließ sich der Passierschein in Empfang nehmen, ein Stück rotes Papier, mit maschinenschriftlichen Eintragungen und dienstlichen Stempeln. Er galt nur in Verbindung mit dem jeweiligen Personalausweis.

Beim Nahen der Grenze, hier: auf der Straße gleich hinter der Bahnstation Drei Annen Hohne, machten unübersehbare Schilder darauf aufmerksam, daß die Weiterfahrt nur mit gültigen Genehmigungen erlaubt sei. Einige hundert Meter und mehrere Serpentinen weiter, an einer Wegkreuzung mit dem Flurnamen Großer Stern, warteten geschlossene Schlagbäume, tätige Ampelanlagen sowie Schilder, welche das Weiterfahren von der entsprechenden Anweisung des Wachtpostens abhängig machten. Dieser Posten war ein uniformierter Angehöriger der DDR-Grenztruppen. Er forderte von allen Insassen des Wagens Passierschein und Personalausweis zur Einsicht. Er las die Daten. Er verglich die in den Pässen enthaltenen Fotografien mit den

Gesichtern der Reisenden. Nach erfolgter Prüfung drückte er den Knopf einer elektrischen Sicherungsanlage, worauf sich der Schlagbaum hob. Das Fahrzeug durfte passieren.

Die Reisenden waren gehalten, innerhalb von 24 Stunden mit ihren Passierscheinen bei der örtlichen Volkspolizeidienststelle zu erscheinen und sich registrieren zu lassen. Der Pförtner ihres Hotels legte ihnen die sogenannte Grenzbelehrung vor: einen hektographierten Text, der in amtlichem Deutsch darauf aufmerksam machte, man befinde sich im Grenzgebiet zur imperialistischen BRD, man habe seine Papiere ständig bei sich zu führen, die unmittelbare Nähe der Demarkationslinie zu meiden und den Anweisungen der Grenztruppen unbedingt Folge zu leisten. Jeglicher Verstoß werde durch augenblickliche Ausweisung aus dem Grenzgebiet geahndet. Die Kenntnisnahme der Grenzbelehrung war durch Unterschrift zu bestätigen.

Spaziergänge am rechten Ufer der Kalten Bode führten wiederholt zu geschlossenen Schlagbäumen und einem Schild mit der Aufschrift *Ende des Wanderwegs*. Über dem Tal stand der bereits zu Westdeutschland gehörige Wurmberg, mit einer Skisprungschanze und mit einem blendend weißen Überwachungsturm der NATO. Neben dem alten Wasserwerk in Oberschierke befanden sich, hinter einer Mauer, die Kasernen der Grenzschützer und die Zwinger für die Wachhunde, in denen ständig Geheul und Gebell war und aus denen es weithin nach Verwesung stank. Manchmal gab es unvermutete Detonationen, deren Echo sich vielfach an den Hängen brach. Wild war auf eine der ausgelegten Minen getreten. An etwas anderes wagte niemand zu denken.

Wer es unternahm, dem höchsten Harzberg, dem Brocken, näherzukommen, mußte sich an den Verlauf einer Asphaltstraße halten, über deren Ziel kein schriftlicher Hinweis Auskunft gab. Aus dem Dunkel des Hochwalds traten plötzlich uniformierte Streifen. Sie führten Maschinenpistolen bei sich, manchmal einen hechelnden Hund. Kurz vor der Kreuzung der Straße mit dem Schienenstrang einer totgelegten Schmalspureisenbahn standen gelbe Schilder. Ihre Aufschrift lautete *Schutzstreifen*. Jede weitere Passage wurde durch sie verboten. Hinter dem Bahndamm befand sich ein Mannschaftsbunker mit kleinen schwarzen Schießscharten. Bloß Dienstfahrzeuge der Deutschen Post, der DDR-Grenztruppen, des Wetterdienstes und der Sowjetischen Armee konnten die Straße ungehindert weiter befahren, in Richtung auf den trostlos kahlen Gipfel des Bergs.

Dies alles habe ich in achtundzwanzig Jahren viele Male so erlebt. Meine Aufenthalte im Grenzgebiet des Kreises Wernigerode wurden zu Besuchen einer unvergleichlichen Region.

Das Leben dort zeigte sich zwiefach sequestriert. Die Bewohner hatten das traurige Privileg, die Bewachungs- und Abgrenzungsmechanismen des gewöhnlichen DDR-Bürgers gleichsam in Potenz zu erleben. Besuche von Freunden oder Verwandten durften nicht beliebig empfangen werden. Man mußte sie umständlich beantragen. Häufig wurde die Genehmigung verweigert. Da dergleichen nicht jedermanns Sache war, wurden jene, die ständig im Grenzgebiet leben durften, durch rigide Auswahlmechanismen bestimmt. Gleich allen Privilegien im deutschen Arbeiter- und Bauernstaat wurde auch dieses dann materiell besonders entgolten.

Wie die Bewohner des Grenzgebietes anderswo verdienten jene von Schierke deutlich über dem DDR-Durchschnitt. Da sie angesichts ihrer traurigen Rundumbewachung nur wenig Gelegenheit hatten, das Geld sonstwie auszugeben, verwendeten sie es für den Erhalt ihrer Häuser. Der Ort zeichnete sich aus durch auffällig heile Dächer, durch intakte Zäune, durch aufgeräumte Straßen und Mauern mit sauberen Farben. Er war ein seltsames Biotop der Ordnung und Ordentlichkeit inmitten eines Staates, der sonst ganze Städte verfaulen ließ. Zugleich herrschte darin ein mit den Jahren immer auffälliger werdender Anachronismus, denn der zivilisatorische Zustand, den es konservierte, blieb jener des Sommers 1961, da die Grenze in dieser Form entstanden war.

Die exzeptionelle Lage setzte sich diesseits der Schlagbäume fort. Durch den besonderen Verlauf der innerdeutschen Grenze sah sich die eigentlich von jedermann begehbare Kreisstadt Wernigerode in einen infrastrukturell toten Winkel der DDR versetzt. Die Leute machten das ihre daraus. Sie entschlossen sich zu unbekümmertem Trotz. Ausgestattet mit einem gesunden Erwerbssinn, den selbst die relative Wertlosigkeit der DDR-Währung nicht störte, und von Alters her eingeübt auf eine grundsätzliche Verachtung der Kapitale Berlin, was sich notfalls politisch deuten ließ, war die Stadt von einer anderswo ausgestorbenen Betriebsamkeit erfüllt.

Ich bin in Wernigerode aufgewachsen. Auf dem dortigen Friedhof von St. Theobaldi liegen die Gräber meiner Eltern. Ich fühle eine sentimentale Hinneigung zu der »bunten Stadt am Harz«, deren Beiname übrigens eine Erfindung des niedersächsischen Blut-und-Boden-Dichters Hermann Löns ist. Eine wache Lokalbehörde handelte ihm die Wendung ab, kaum daß er sie erfunden. Tatsächlich ist es, daß der spätmittelalterliche Stadtkern, das spätgotische Rathaus mit seiner Freitreppe, mit seinen zwei Türmen, das gesamte aus Schnitzereien und heftig kontrastierenden Farben gemachte Fachwerk der erheblichste Reichtum des Ortes sind.

Die alte DDR ging mit solchen Hinterlassenschaften rüde um. In der unmittelbaren Nachbarschaft verkam die kostbare bauhistorische Substanz von Städten wie Halberstadt, Osterwieck, Quedlinburg, und selbst in Wernigerode drohte verschiedentlich die Abrißbirne. Es gab jedesmal Bürgerprotest und überregionalen Unmut. Zuletzt sollte im Zentrum der Stadt ein feines Hotel errichtet werden, wozu erforderlich war, den historischen Marktplatz zu schleifen.

Die Sprengkommandos standen schon bereit. Die allgemeine Empörung brachte einen Aufschub. Die Wende kam, und der Umbau lief an. Nun, da die Gerüste fallen, erweist es sich, daß erheblich mehr an Beton, mißratenen Proportionen und postmodernem Chi-Chi zu sehen sein wird als ursprünglich verheißen. Der alte SED-Bürgermeister, Kilian, Mitverantwortlicher an solchen Banausien, amtierte ein Jahr lang unangefochten als Vize in der gesamtdeutschen Sportvereinigung DSB.

Das große Baugerüst am Marktplatz ist bloß eines von vielen. Verstört durch Bilder aus anderen Regionen der einstigen DDR, da der Zugriff der Marktwirtschaft immer nur Zusammenbrüche, lähmende Lethargien, bestenfalls ein brutales Gründerchaos erzeugten, wird für mich der Gang durch die Stadt meiner Kindheit zu einem unverhofften Wunder.

Geschäftsgründungen, Neuinvestitionen, Baustellen allenthalben. Die Immobilienpreise, von denen ich erfahre, klettern auf mittleres Großstadtniveau. Eifriges Antichambrieren der Stadtoberen hat allerlei Bundesgelder für Sonderprogramme erbracht. Am nördlichen Stadtrand wurde damit ein neues Gewerbegebiet erschlossen, und das könnte, so wohlgeordnet und solide gebaut, auch im nahen Niedersachsen stehen. Die lokale Bauindustrie, höre ich, ist ausgebucht. Die anderen Industrien, ein Elektromotorenwerk, eine Metallgießerei, eine Arzneimittelfabrik, erfahre ich, werden wohl überleben. Bei nicht ganz vierzigtausend Einwohnern habe man gerade fünfzehnhundert Arbeitslose.

Aus dem Kreis der einst dilettierenden Denkmalschützer hat sich ein rühriger Altstadtverein gegründet, und die Ortssatzung, die er durchsetzte, ist streng. Ich treffe auf keine Satellitenschüsseln, keine monströsen Reklamen, keine proportionslosen neuen Geschäftsbauten. Demnächst soll alle Heizung in der Stadt auf Erdgas umgestellt werden, was die Luftwerte verbessern wird. Das mittägliche Gedränge in den Straßen ist beängstigend, und schon auch sind wieder reichlich niederländische, dänische und angelsächsische Laute zu vernehmen, wie vor dem letzten Krieg.

Wernigerode wurde zu einem Paradebeispiel für den von Jürgen Möllemann verheißenen und anderswo ausgebliebenen »Aufschwung Ost«. Die Frage, womit man dies moralisch verdient habe, mag sich kaum einer stellen. Das Verhalten in vierzig Jahren SED-Staat war hier ebenso angepaßt wie anderswo, und die Bereitschaft zu grundsätzlicher Gegnerschaft war eher geringer. Als im Herbst '89 über viele ostdeutsche Großstadtstraßen die Massendemonstrationen fluteten, gab es hier gerade einen gut besuchten Bittgottesdienst zur »Veränderung der gesellschaftlichen Verhältnisse in der DDR«, in der Sylvestrikirche.

Zum 3. Dezember 1989 zogen dann Tausende von Wernigerödern auf den Gipfel des Brockens. Dies war nicht viel mehr als ein listig vorauseilendes touristisches Signal: Die Massenbewanderung des »deutschesten aller deutschen Berge«, wie ein Wernigeröder Fremdenführer in schönem Chauvinismus formuliert, brach seither nicht mehr ab. 2,5 Millionen Touristen sah der Oberharz allein im Kalenderjahr 1990. Die allermeisten von ihnen machten auch in Wernigerode Station.

Dies ist die eigentliche Ursache des ökonomischen Booms in der Stadt, und daß die davon herrührende Fröhlichkeit etwas durchaus Künstliches hat, erkannte ich erst beim zweiten Blick. Die Angst, sich übernommen zu haben, stört verschiedentlich die Nachtruhe. Es hat mit dem mangelnden marktwirtschaftlichen Training zu tun, aber außerdem mit einer allgemeineren Neurose.

Ein besonders rühriger Geschäftsmann, Besitzer oder Mitinhaber von insgesamt fünf kleinen Betrieben, konnte kürzlich in einem der beiden Lokalblätter lesen, man verdächtige ihn der früheren Stasi-Mitarbeit. Anlaß war bloß eine Namensverwechslung. Der Mann heißt Schulze. Zu juristischen Schritten mochte er sich nicht entschließen, da ihm die Sache zu läppisch vorkam. Inzwischen wird ihm seine Untätigkeit als heimliches Schuldeingeständnis ausgelegt, immer hinter vorgehaltener Hand und immer so, daß es ihn erreicht.

Die gymnasiale Oberschule der Stadt, der so unterschiedliche Talente wie der Westberliner Kunstprofessor Oppermann, die ÖTV-Chefin Wulf-Mathies, der Dresdner Schauspieldirektor Schönemann und die DDR-Folkschnulzentante Hauff entstammen, gebietet über einen renommierten Jugendchor. Es gab ihn schon zu DDR-Tagen. Bereits damals fuhr er manchen Ruhm ein. Sein Leiter heißt Krell, und als der Fall des Leipziger Thomas-Kantors Rotzsch bekannt wurde, wollte man auch ihm mit Stasi-Gerüchten zuleibe. Entnervt drohte er mit seinem Fortgang. Die Gerüchte sind daraufhin verstummt.

Die Stasi-Hysterie hat hier wie sonst in den neuen Bundesländern die Funktion einer krankhaften Ersatzbewältigung. Die Wahrheit über persönliche Mitbeteiligung, Mitverantwortung und den eigenen Opportunismus mag sich keiner eingestehen. Lieber flüchtet man in die hastige Geschäftigkeit. Ein schönes Beispiel liefert der Wernigeröder Heimatforscher Georg von Gynz-Rekowski. Schon in SED-Tagen wohlgelitten, brachte er es seit November 1989 gleich auf vier neue Bücher, die er allein oder gemeinsam mit anderen verfaßte. Im biographischen Vermerk teilt er jetzt mit, er habe in seinem langen Leben außer einem Theologie-Studium auch eine Tätigkeit als Offizier »im Generalstab des Heeres (Operationsabteilung)« hinter sich. Die Texte üben sich dann gern in blaublütigem Schulterschluß mit denen von Stolberg-Wernigerode.

»Viele Märchen und Sagen kenne ich, kenne Geister und schwirrende Irrlichte, kenne die dahinjagenden Nebelfetzen gut«, sagt in albernem Richard-Wagner-Pathos Christian-Henrich, derzeitiger Chef des Fürstenhauses. Als er noch hoffen durfte, die 1945 verlustig gegangenen Besitztümer seiner Sippe im Ostharz wiederzuerlangen, reiste er herbei und weihte auf dem Brockengipfel das wiedererrichtete Wolkenhäuschen samt Goethe-Plakette ein.

Inzwischen hat das Bundesverfassungsgericht die vor 1949 erfolgten Enteignungen in der Sowjetzone bestätigt. Viel war es sowieso nicht, was den Stolberg-Wernigerode zuletzt noch gehörte, denn das allermeiste hatte ein leichtsinniger Vorfahr Ende der zwanziger Jahre verjuxt. Als letzte und einigermaßen vage Hoffnung bleiben dem Christian-Henrich bloß jene wenigen Quadratmeter Gelände Brokkengipfel, auf denen heute eine Einheit der Roten Armee kampiert. Dieses Territorium ist niemals förmlich expropriiert worden. Es setzten sich erst die Amerikaner und dann sofort die Russen darauf.

Deren Unterkünfte und Fahrzeuge hinter bröckelndem Maschendraht bilden derzeit eine der wenigen Sehenswürdigkeiten in 1142 Kilometer Harzhöhe. Die anderen sind mehrere, inzwischen funktionslose Überwachungsstationen der DDR-Staatssicherheit und auf dem Boden eine Betonaufschüttung von beträchtlicher Stärke.

In einer der Stationen ist ein Brockenmuseum untergebracht. Die Leiterin, Abgesandte des Heimatmuseums Wernigerode, parliert mit unterschiedslosem Humor über Vergangenheit, Gegenwart und Zukunft. Des stockkonservativen Christian-Henrich wird dabei häufig und immer dankbar gedacht. Ich entdecke, wie unbeschädigt von vier Jahrzehnten SED-Herrschaft, wenn nicht dadurch gar gekräftigt, sich die alte deutschnationale Grundierung der Region behauptet. Dereinst war ihr die Harzburger Front von Hitler und Hugenberg zu danken gewesen. Jetzt sind unten in Wernigerode die leisen vietnamesischen Straßenhändler, die ich im Spätsommer 1989 noch am Westerntor stehen sah, schon längst wieder verjagt.

Dergleichen macht dann auch den Brockentourismus zu einer eher gespenstischen Veranstaltung.

Daß dieser Berg zu einem förmlichen deutschen Trennungs- und Wiedervereinigungssymbol geworden ist, wie sonst nur noch das Brandenburger Tor in Berlin, läßt sich ohnehin rational nicht erklären. Tag um Tag lockt er die Menschen an, Kraxler, Benutzer von Kremsern, in unaufhörlichem Strome bewegen sie sich teils vom Torfhaus, teils von Oberschierke her und die aufgelassenen DDR-Grenzbefestigungsanlagen entlang. Die Marschsäulen vereinigen sich an der Bahnstation Goetheweg. Sie ist derzeit nichts als ein Schild und ein Name. Die Brockenbahn soll bald wieder regelmäßig fahren, nach feierlicher Einweihung und gelegentlichem Betrieb schon im Herbst 1991. Danach werden noch viel mehr Leute den Gipfel betreten, die verbliebene Flora zu verwüsten und dem Brockenwirt Hans Steinhoff, einem ehemaligen DDR-Gewerkschaftskonditor, weiter wachsende Umsätze zu bescheren.

Die dem Brocken zunächst gelegenen Gemeinden Schierke und Elend gehörten einst der DDR. In den Westharzer Ortschaften Bad Harzburg und Braunlage brach im Bewußtsein solcher Geographie bald die Panik aus. Mit ihrem aufgeblähten und manchmal leerlaufenden Ferienbetrieb hatten beide Ortschaften bislang immer für sich das schaurige Schauspiel der deutsch-deutschen Demarkationslinie und die offene Hand des Bundes für den Zonenrand. Beides ist nun dahin.

Wegschilder mit Wanderhinweisen auf Schierke, erzählt man mir, werden immer wieder auf geheimnisvolle Weise nächtens entfernt. Als westliche Tourismusmanager dann noch den Slogan in Umlauf brachten: »Im Osten wandern, im Westen wohnen«, war es mit der Wiedervereinigungseuphorie der Harzer Ossis vorbei. Unübersehbar nämlich, daß die Aufforderung griff. In Schierke profitieren vom Brockentourismus derzeit bloß die Imbißbudiker am Ortsrand. Selbst die Einrichtung des Naturparks Oberharz mit seinen strengen ökologischen Auflagen wird jetzt für eine vorsätzliche Schikane der Wessi-Hotelerie gehalten, wiewohl es sich dabei doch um eine Erfindung der letzten DDR-Regierung handelte.

Schierke lebte drei Jahrzehnte lang vom sozialistischen Tourismus und von der geschlossenen Grenze. Übernachtungsgäste wurden zugeteilt durch den Feriendienst des FDGB und das Reisebüro der DDR. Niemals ließen sich alle Nachfragen befriedigen, und mit den Jahren gerieten Service und Aufwand immer mangelhafter. Es ging ja auch so. Die eine Hälfte der Einwohner Schierkes stellten Bedienstete der Gastronomie, die andere Hälfte Berufssoldaten. Sämtliche nennenswerten Neubauten im Ort beauftragte das Militär.

Als nun der Ort aus seinem sozialen Dämmerschlaf erwachte und unters mitleidlose Licht des ungeteilten Himmels geriet, werden seine Deformationen offenkundig.

Von der lautstarken Geschäftigkeit Wernigerodes ist hier nichts. Die Kontrollgebäude der Grenzsoldaten am Ortsrand stehen immer noch, als entleerte Kulissen. Ihr lähmender Geist, so scheint es, ist der

Gegend verblieben. In Unterschierke zeigen sich die meisten Geschäfte verwaist. Ferienheime, die früher nach den Kommunisten Mehring und Gieseler hießen, tragen nun wieder die Namen »Fürstenhöh« und »Brockenblick«, wie vor dem letzten Krieg. Die Umbenennung hat ihnen kaum zahlende Gäste beschert. Ungefähr die Hälfte aller Hotels und Pensionen hält überhaupt geschlossen. Der Kurdirektor hat rechtzeitig zum Höhepunkt der Sommersaison 1991 seinen Jahresurlaub genommen.

Schierkes feinstes Haus ist weiterhin das Hotel »Heinrich Heine«. Hier logierte früher die DDR-Kultur- und Wissenschaftsschickeria, und es gibt auch ein Appartement, dessen häufiger Benutzer der Diktator Walter Ulbricht war. Heute ist alles heruntergewohnt. Dem vermeintlichen Zeitgeiste folgend, wurde ein Salon eilig auf den Namen »Fürst zu Stolberg« getauft. Im übrigen harrt man des neuen Besitzers, den die Berliner Treuhandanstalt und das Londoner Bankhaus Warburg besorgen sollen, zum Kaufpreis von 17 Millionen Mark. Das ohnehin beträchtlich reduzierte Personal rechnet mit seiner Kündigung. Anfang August 1991 war gerade ein Viertel der Betten vergeben.

Das allererste literarische Honorar meines Lebens erhielt ich einmal für ein Werbeverslein, das ich zum Ruhm eines in Schierke gebrannten Kräuterlikörs verfaßte. Der Sohn der Produzentenfamilie war mein Klassenkamerad. Erfunden hatte den Schnaps Willy Drube, der im Hauptberuf Pharmazeut und Inhaber der Apotheke »Zum roten Fingerhut« gewesen war. Sein Gebräu ist ein hübscher Erfolg geworden. Nach Krieg und Spaltung wurde es sowohl im Osten wie im Westen vergoren, im Osten zuletzt durch den Staat.

Mit der Einheit kehrte die Besitzerfamilie an den Ort ihres Ursprungs zurück. Die Apotheke strahlt heute im allgemeinen westeuropäischen Pharmadesign, und der Kräuterschnaps ist wieder gesamtdeutsch. In Schierke entdecke ich sein Label hinter jedem Schaufenster, an jeder zweiten Hauswand, und unmittelbar neben der Apotheke sah ich die monströse Nachbildung einer Likörflasche, gebäudegroß. Längst ist die Schnapswerbung zahlreicher und penetranter, als es selbst die einstige Sicht-Agitation zum Sieg des Sozialismus war, zudem bedient sie sich auch noch der gleichen Farben: weißer Buchstaben auf rotem Grund. Der Umsatz dieses Likörs, erzählen mir die Leute, soll im letzten Jahr um 600 Prozent gestiegen sein.

Seit dem Herbst '89 sind in Schierke genau drei Neubauten entstanden. Einer ist ein Lebensmittelsupermarkt, die beiden anderen sind aufwendige Villen, im nicht hierher gehörigen Bergbauernstil der polnischen Tatra. Die Bauherren, erzählt man mir, seien der einstige SED-Bürgermeister und sein Vize. Ihr derzeitiger Nachfolger, demokratisch gekürt in den Kommunalwahlen von 1990, gehört zur einstigen Blockpartei CDU. Früher soll er Diplomat gewesen sein, Mitarbeiter der DDR-Botschaft in Helsinki.

Nach der CDU zweitstärkste Partei ist in Schierke Gregor Gysis PDS. Deren Wähler sitzen bevorzugt in den Wohnhäusern der Grenztruppen, uniformen Mietblocks und plötzlich schmuddelig gewordenen Villen des immergleichen Fertighaustyps. Hinter den Fenstern erkenne ich kleinbürgerliche Tüllgardinen, Grünpflanzen und Nippes. Ein paar der Offiziere, heißt es, wurden vom Bund übernommen und besuchen derzeit eine westdeutsche Führungsakademie. Die übrigen haben sich andere Berufe gesucht, oder sie sind arbeitslos und drücken auf die allgemeine Stimmung. Ihre Kaserne, am Rand der Straße zum Brocken, ist leer und tot. Irgendwann soll sie gesprengt werden. Auf dem ehemaligen Gelände für die Fahrzeuge und die Hunde parken jetzt die Wagen der Brockentouristen.

Abseits dieser Straße bleibt die Gegend unbehaust, »spät im Sommer vom Schnee noch schwer, tiefer fichtenbekränzt, düster vom Eichenwald«, wie der Harzbesucher Friedrich von Hardenberg, genannt Novalis, vor genau 200 Jahren frühromantisch dichtete. Noch immer steht die Rennschlittenbahn, ein Ding von betäubender Häßlichkeit, weiteres Relikt des SED-Mannes Kilian, der nebenher die DDR-Rodler anführte, und es gibt Erich Honeckers Lebenswerk: den dreifachen Zaun aus Wachttürmen, Betonpfählen, Maschen- und Stacheldraht, aus Gehplatten und mit Pestiziden vergifteter Erde, ein Kilometer um den anderen, grausig anzusehen und völlig absurd.

Die Stimmung von Apathie und Trauer hängt zwischen den Bäumen wie dünner Rauch. Die deutsche Einigung ist eben zwölf Monate alt. Man reagiert auf sie mit verwirrender Emsigkeit oder hilflosem Nichtstun, und beides wirkt gleich deprimierend, da beides aus schlechtem Gewissen und lastender Erinnerung kommt. »Jahr um Jahr haben wir uns gefragt: Sollen wir gehen? Sollen wir bleiben?« sagt mir eine Putzfrau aus Schierke. »Wir sind geblieben. Herbst '89 dachten wir uns: Wir haben es richtig gemacht.« Sie hält inne und sagt dann: »Jetzt haben wir Zweifel.«

Offener Brief

Lieber Friedrich Schorlemmer,
die Lektüre Ihres Textes »Wir Fürstenberger« hat mich zu wiederholtem Kopfschütteln genötigt. Als alter Freund darf ich Ihnen das sagen, auch in dieser öffentlichen Form. Sie kommentieren die unglückseligen Geschehnisse in Fürstenberg, den Zwist um jenen Supermarkt, der in unmittelbarer Nähe des ehemaligen Frauenkonzentrationslagers Ravensbrück entstehen sollte und nun nicht entsteht. Sie tadeln die Demonstrationen der Fürstenberger zugunsten der Eröffnung einer Kaufhalle am ursprünglich vorgesehenen Ort. Als guter Christ aus dem Lande des Pietismus schließen Sie sich in den Tadel verbal mit ein. Wir Fürstenberger.

Was mich anlangt, so habe ich die Ereignisse verfolgt, wie Sie, und mir meine Gedanken gemacht. Die Empörung darüber geschah so prompt und allgemein, daß ich mißtrauisch wurde. Ich erinnerte mich meines letzten Besuches in der Gedenkstätte, vor ein paar Monaten. Von dem geplanten Bau ließ sich noch nichts wahrnehmen. Ich stellte meinen Wagen auf den vorgegebenen Parkplatz, von dem ich nun weiß, daß auch er zum Lagergelände gehörte. Die Kinder sowjetischer Soldaten spielten kreischend Fangen, angetan mit grellbunten amerikanischen T-Shirts, und als ich ausstieg, schnorrten sie mich um Geld an: dort, wo einst Blut floß, mit Ihren Worten.

In der Gedenkstätte entdeckte ich die unveränderten Propaganda-Sprüche der alten DDR. Im nahen Sachsenhausen, das ich anschließend besuchte, war dies noch weit penetranter. In jener Landschaft verlief einst der Leidensweg der Häftlinge von Sachsenhausen und Ravensbrück, Frühjahr 1945, und wo damals die dabei anfallenden Leichen verscharrt wurden, mögen heute Ausflugslokale und Imbißbuden stehen. Niemand denkt daran. Erbarmen und nacheilendes Schuldbewußtsein lassen sich nicht an Erdkrumen festmachen. Wollten wir alle Regionen tabuisieren, wo je in der Geschichte der Menschheit unschuldiges Blut floß, wäre der Erdball unbewohnbar.

Ich erinnere mich eines der luxuriösesten Hotels, die ich bei meinen Reisen durch Südpolen angetroffen habe. Es steht in Oświęcim, einer Stadt, die wir besser unter dem Namen Auschwitz kennen, und zwar steht es unmittelbar am Zaun des dortigen Vernichtungslagers. Man kann in diesem Hotel tafeln und trinken, ruhen und lieben, immer mit Blick auf die Häftlingsbaracken und die Schornsteine des Krematoriums. Mir stockte das Blut, als ich das sah. Natürlich ist das Hotel auch vernünftig: Das Lager hat viele Besucher, der Weg zur eigentlichen Stadt ist weit, irgendwo müssen die Leute unterkommen, warum also nicht in unmittelbarer Nähe ihres Zieles? Wo einst Blut floß, sagen Sie, fließt nun Geld. Ich kann mich nicht erinnern, in irgendeinem Bericht über Auschwitz Worte des Tadels über die Existenz jenes Hotels gelesen zu haben.

Ich bin dort nicht eingekehrt. Ich hätte es nicht fertiggebracht. Ich hätte auch den Supermarkt von Ravensbrück nicht betreten, wäre er in Betrieb gegangen. Gleichwohl begreife ich ein wenig die Reaktion der Fürstenberger, denen man jahrzehntelang den verlogenen Antifaschismus der SED aufgenötigt hat, bis sie die Gedenkstätte mit ihrer mittelmäßigen Skulptur bloß noch als die öde Kulisse eines völlig entleerten Geistes empfanden.

Die Insensibilität der Fürstenberger ist nicht deutsch, wie Sie meinen, sie ist ostdeutsch. Sie wurde den Leuten eingebleut durch Margot Honeckers Volksbildung und die zum plumpen Zeremoniell entarteten Gedenken von Leid und Befreiung. Daß, was den Polen in Auschwitz wie selbstverständlich zugestanden wird, in Deutschland zu nervösen Reaktionen führen kann, ist eine Dialektik, die zu beherrschen nicht so sehr das Geschäft von Supermarktkunden als das der politischen Klasse ist. Das Baugelände wurde irgendwann förmlich vergeben, der geplante Bau offiziell genehmigt: von Behörden, die der administrativen und politischen Verantwortung des Landes Brandenburg unterstehen.

Dieser Tage las ich im amerikanischen Nachrichtenmagazin *Newsweek* eine Geschichte, wo die Ereignisse in Fürstenberg und die Rückführung der Leiche König Friedrich II. nach Potsdam als deutliche Signale für die Heraufkunft eines »Vierten Reiches« gedeutet wurden, mithin eines Großdeutschland aus ungebrochen reaktionär-chauvinistischer Überlieferung. Das ist wohl ein falscher Analogieschluß. Daß er angestellt werden würde, war gleichwohl voraussehbar. Daß es dazu kommen konnte, hat die gegenwärtige Regierung in Potsdam mitzuverantworten.

Ich bin ein Bürger des Landes Brandenburg. Der Sozialdemokrat Stolpe wurde letztes Jahr auch mit meiner Stimme gewählt. Die Peinlichkeiten um Fridericus und Ravensbrück nehme ich ihm persönlich übel, so wie, lieber Schorlemmer, Sie Ihren in Stolpes Kabinett amtierenden Freunden aus der Bürgerbewegung das dröhnende Schweigen zu jenen Vorgängen verübeln sollten.

Das tun Sie offensichtlich nicht. Lieber schlagen Sie auf das Volk ein, das statt »Brot der Freiheit« eher »27 Brotsorten« haben wolle. Wie, wenn es sich die Freiheit in der Existenz dieser 27 Sorten definiert? Wollen wir so hochmütig sein, ihm vorzuschreiben, welchen Inhalt seine Freiheit habe und wie davon Gebrauch zu machen sei? Sie aber behaupten von den Leuten und dem multiplen Brot: »Hätte die kommunistische Herrschaft das zu bieten gehabt, sie wären wohl noch in der Sklaverei geblieben.«

Lieber Freund. Wäre die kommunistische Herrschaft befähigt gewesen, solchen Überfluß herzustellen, hätte sie ihren Verheißungen genügt und auf alle jene Restriktionen verzichten können, welche die materiell konditionierte Unzufriedenheit im Volk niederhielten. Der Kommunismus scheint aber prinzipiell unfähig, eine erfolgreiche Wirtschaft zu betreiben. Er bringt keine 27 Brotsorten hervor. Ihre dies betreffende Behauptung ist Unsinn.

Sie kommen von Brot auf Kaffee, von da auf die Boulevardpresse, die Trivialliteratur, die Automobile, und Sie schließen mit einem Satz, den ich Ihnen nicht durchgehen lasse: »Sie sind aber nichts weiter als wieder das geworden, was sie stets waren: Privatpöbel.«

Bei jedem anderen würde ich jetzt sagen, er sei ein intellektueller Faschist. Der Satz enthält genau jene elitäre Erhebung über den gemeinen Mann, in welcher sich die arroganten Rechten mit den frustrierten Linken treffen. Da ich Sie zu letzteren rechne, darf ich Sie darauf aufmerksam machen, daß aus jener verächtlichen Gesinnung einst die Bombenwürfe der Rote Armee Fraktion erfolgten. Die selbst mögen diesen Satz bloß als Ihre persönliche Enttäuschung über den Verlauf der jüngsten ostdeutschen Geschichte erklären. Die Wahrheit ist, daß die ostdeutsche Geschichte derart verlief, weil Ihresgleichen so zu denken vermögen und die Leute dies wahrnehmen.

So auch ist die Empörung über Fürstenberg, sieht man genau hin, nur ein vorgefaßtes Ritual. Sie bestätigt und verfestigt bestehende Vorurteile. Sie ist so weitgehend formalisiert und entleert wie der einstige SED-Antifaschismus. Ich glaube ihr nicht. Sie glaubt sich selbst nicht.

Heute morgen hörte ich im Radio eine Nachricht. Ein Arzt aus Westberlin wurde gestern bei einem Besuch der Gedenkstätte Ravensbrück Zeuge, wie einige Skinheads sich dort in Schmierereien versuchten. Als der Mann eingreifen wollte, wurde er zusammengeschlagen. Die herbeigerufene Polizei kam zu spät. Die Sprecherin des brandenburgischen Innenministers entschuldigte dies mit Verkehrsstau und Personalmangel.

Ich bin sicher, der Vorgang wird keine bedeutenden Schlagzeilen machen. Ravensbrück ist medienpolitisch ausgereizt. Daß Neonazis schmieren und prügeln, weiß man doch. Für mich ist dieses Geschehen alarmierender als jede Straßenblockade von Fürstenbergern in Sachen Kaufhalle, und der Lärm deswegen schuf auch eine Schutzzone für die Skins.

Ich bitte Sie, lieber Freund, über alles das ein wenig nachzudenken: um jener Überzeugungen willen, die uns einst, zu Zeiten der Diktatur, zusammengebracht haben.

Schriftsteller und Publikum

Die Frage nach dem Verhältnis zwischen Schriftsteller und Publikum erzeugt bei mir jene entzündlichen Hautsymptome des Widerwillens, die ich auch hervorbringe, wenn jemand mit den Fingernägeln über Rauhputz gleitet oder ein Metallstift quietschend auf einer Fensterscheibe schabt. Dies macht, es hat für einen Autor, der in der einstigen DDR lebte, kaum ein Thema gegeben, mit dem man ihm derart häufig zuleibe rückte. Das Publikum war für ihn Adresse, Kontrollinstanz, Manipulationsmaterial und Themenlieferant. Er selbst war für das Publikum Vorturner, Volkserzieher, Clown, Seelenarzt, Guru und Alibi-Moralist. Nicht alles in dieser Beziehung war so, wie es die herrschende autoritäre Ordnung wollte, aber alles geschah im Rahmen dessen, was die herrschende autoritäre Ordnung vorgab. Wer genau hinblickt, wird erkennen, daß die Hypertrophien der in der DDR kultivierten Autor-Publikum-Relation nur eine andere Darstellungsform waren für die in der DDR existierende Zensur.

Wo es Zensur gibt, wird die Wahrheit zugeteilt, namens einer Herrschaft, der die unzensierte und vollständige Wahrheit abträglich wäre. Zensur ist ein Instrument der Bevormundung und ein Symptom der gesellschaftlichen Not. Wir wollen hier nicht gänzlich übersehen, daß auch diese Not, der populären Spruchweisheit folgend, eine Tugend sein kann, da sie, noch so ein Gemeinplatz, durchaus erfinderisch zu machen versteht.

Denn es ist ein Irrtum zu meinen, daß Kunst zu Zeiten der Unfreiheit besonders schlecht gedeihe. Selbst in Adolf Hitlers Deutschland, das diesen Fehlglauben noch am ehesten unterfüttern könnte, wurde von Gründgens und Fehling gutes Theater gemacht, drehten Engel und Käutner passable Filme, haben Strauss, Furtwängler, Knappertsbusch und Böhm glänzend musiziert, schrieben Gerhart Hauptmann, Ernst Jünger, Werner Bergengruen, Horst Lange und Peter Huchel Texte, die zum soliden Bestand unserer Literaturgeschichte gehören.

Es ist immer wieder darum gestritten worden, ob die bedeutenden ästhetischen Leistungen in den Zeiten und Staatsgrenzen der Hitler-Diktatur die Brutalitäten des Regimes nun vergoldet oder unterminiert haben, ob die Kunst damals ein Refugium der Humanität oder eine Schminkmaske der Inhumanität gewesen sei. Mit einiger Sicherheit trifft beides zu, und die hier benannte doppelte Funktion, die kontroverser nicht zu denken ist, fand sich oft genug in derselben Leistung und dem nämlichen Einzelkünstler, ohne daß dies letzteren auffällig beschädigt hätte.

In anderen autoritären Regimes, die hinsichtlich ihrer Unterdrückungsmaßnahmen schlampiger waren, konnte der Umgang mit Zensur und Zensoren eine geradezu virtuose Ästhetik erzeugen. Als beliebiges Beispiel dafür fällt mir der österreichische Vormärz ein. Er war, was das System der Überwachung,

Bespitzelung und geistigen Unterdrückung betrifft, von einer Perfektion, die schon das 20. Jahrhundert vorwegnahm. Trotzdem gelang es dem Wiener Volkskomödianten Johann Nestroy, die Zensur immer wieder ins Leere laufen zu lassen und mit seiner Mischung aus Finte, Andeutung und gelegentlich offener Attacke den einverständigen Oppositionsgeist seines Publikums erfolgreich zu bedienen. Durch seine Stücke aus dem Vormärz wurde Nestroy zu einem österreichischen Molière. Nach der Revolution von 1848, als eine sehr viel größere geistige Freiheit im Lande herrschte, brachte er nur noch matte Imitate seiner einstigen Glanzleistungen hervor.

Eine Satire, die der Zensor verstehe, werde zu Recht verboten, schrieb Karl Kraus, auch er ein Österreicher. Damit wird eine intellektuelle Meßlatte vorgelegt, die zu überspringen viel Gewandtheit erfordert. Die Techniken des Taktierens, Überlistens und Camouflierens machen, wenn alles gutgeht, eine hochmanieristische Kunst. Daß wir inzwischen allüberall in den hochzivilisierten Ländern unter alexandrinischen Zuständen leben, darf als ausgemacht gelten, und deswegen findet eine manieristische Kunst, die sich in totalitären Zuständen erfolgreich trainieren konnte, ihre ganz erklärliche Resonanz auch in Gegenden, wo der Pluralismus und die Freiheit zum Beliebigen vorherrschen.

Wir haben uns damit unmerklich der DDR genähert, wo es noch ein besonders stringentes Beispiel für unsere These gibt. Dort hatte die Geist- und Kulturfeindlichkeit der Herrschenden, die latent immer vorhanden war, gelegentlich die entsetzlichsten Höhepunkte erklommen. Einer davon fiel in die ausgehenden sechziger Jahre. Die intellektuelle Ödnis damals war gnadenlos. Zugleich wurden dies jene Jahre, da die DDR-Theaterkunst, ausweislich der Namen Besson, Heinz, Dresen, Solter, eine ästhetische Perfektion erreichte, daß man das politisch so unglückselige Ostberlin damals tatsächlich zur Welthauptstadt der Theaterpraxis ausrufen konnte.

Der Marxismus ist seiner geistesgeschichtlichen Tradition wie auch seinem immer wieder verkündeten Selbstverständnis zufolge eine Philosophie aus dem Umkreis von europäischer Aufklärung und deutscher Klassik. Er setzt auf die sittliche Erziehung des Menschengeschlechts und die pädagogische Funktion der Künste. Diese Überzeugung ist sehr vorkapitalistisch. Sie wurzelt in Zeiten, da die Arbeitsteiligkeit, zumal auf dem ideologischen Felde, noch relativ bescheiden ausfiel und die Kunst, voran die Literatur, auch deswegen ihre Konsumenten zu beeindrucken und zu formen verstand, da sie der wichtigste Überbringer von Nachrichten war. Es gab noch keine Presse in unserem Sinn. Was damals als Presse auftrat, wurde von Literaten gemacht. Die voll ausgebildete Arbeitsteilung zwischen Publizistik und Dichtung fällt erst ins 19. Jahrhundert. Dies war zwar die Lebenszeit von Karl Marx, der seinerseits, wie sein Kompagnon Friedrich Engels, sich als ein eifriger Zeitungsschreiber betätigte, der aber seinen klassischen Bildungsballast niemals abwarf und von den humanisierenden Wirkungen der Künste schwärmte noch zu Zeiten, da Friedrich Nietzsche dergleichen längst als einen altmodischen Selbstbetrug decouvriert hatte.

Also hielt es sich. Von der pädagogischen Wirksamkeit des Wahren, Guten, Schönen in der Kunst faselte die anschwellende Arbeiterbewegung nicht anders als das humanistische Gymnasium, und wenn man gelegentlich um Wahrheitsbeweise verlegen gewesen sein sollte, so wurden diese geliefert durch Befunde aus Ost- und Südost-Europa.

Dort gedieh die Rückbesinnung auf die eigene Folklore und auf Dichtung in der Muttersprache zu einem Politikum, denn es hatte eine beträchtliche emanzipatorische Wirkung. Daß Kunst hierbei eher als ein Substrat diente, es also vielmehr um die Sprache und deren trotzigen Gebrauch, nicht so sehr um Inhalte oder Ästhetik ging, erkannte man nicht. Der romantische Topos vom Dichter als politischem Volkstribun wurde keinesfalls als die ethnische und historische Spezialität gesehen, der er war, man akzeptierte ihn statt dessen als eine zeitlose Selbstverständlichkeit.

Dies geschah dann zumal durch die osteuropäischen Marxisten, die sich bald, wegen ihres berühmtesten Kopfes, den Zusatznamen Leninisten gaben. Lenins Kunstgeschmack und die darauf basierenden Ansichten sind ebenso konservativ wie jene von Karl Marx. Damit sind sie viel rückständiger, da sie zwei Generationen später kamen.

Die Herrschenden des Staates DDR waren durch die Schule des Marxismus-Leninismus gegangen.

Ein Großteil von ihnen besaß Erfahrungen eines Exils in Osteuropa. Sie alle miteinander hatten, ihren verbalen Bekundungen zum Trotz, ein Unverhältnis zu Dingen der Ästhetik. Da sie nichts davon verstanden, reproduzierten sie blindlings die dies betreffend vorgegebenen Überzeugungen. In ihrer Haltung trafen sich Banausie und Furcht.

Die Kunst in der DDR bewegte sich in einem Raum, der bewacht wurde von überängstlichen Zensoren und mißtrauischen Herrschern. Der Kunst wurde dadurch eine Bedeutsamkeit suggeriert, die sie nicht hatte. Die Annahme, durch ein geeignetes Kunstwerk könne losgetreten werden, was im Verständnis der damaligen Herrschaft die Konterrevolution hieß, wurde so inständig wiederholt, bis auch die Künstler diesem Irrtum erlagen. Er widersprach allen Erkenntnissen von moderner Kunst- und Sozialwissenschaft, aber er hob ein durch ständige Schikanen der Staatsmacht geschundenes Selbstwertgefühl. Man meinte nun zu wissen, warum man es so schwer hatte. Man wurde förmlich stolz darauf. Zweifellos war es viel schmeichelhafter, wegen der eigenen Bedeutsamkeit beargwöhnt zu werden, als wegen der allgemeinen Dummheit einer Staatspartei leiden zu müssen.

Mit der Bereitschaft, sich auf diese Lebenslüge einzulassen, wurden die Künste in der DDR zu Komplizen der Diktatur. Die Komplizenschaft verstärkte sich, da auch das Publikum im Lande an der genannten Lüge teilhatte.

Das Publikum delegierte an die Künste seine seelische Not. Die Künste bedienten das Publikum, indem sie diese Not mehr oder minder deutlich formulierten, also Artikulationshilfe leisteten. Solche Zweckgemeinschaft, die von außen her oft mit Bewunderung und Neid betrachtet worden ist, war, wir wiederholen es, unterm Zeichen von Not und Lüge entstanden und konnte schon deswegen nicht viel mehr sein als ein zweifelhaftes Provisorium. Die Künstler, verdorben durch Verinnerlichung der Anomalien, nahmen es als einen idealischen Zustand.

Dies wurde die Ursünde der Künste in der DDR, aus welcher alle anderen Sünden hervorgingen.

Ein wenig Nachdenklichkeit in eigener Sache hätte den Artisten nämlich sagen müssen, daß sie zu jener moralischen Instanz, als die sie sich stilisierten und stilisieren ließen, schon deswegen herzlich schlecht taugten, weil ihre Arbeitssituation sie der Normalität enthob.

In einer Welt der entfremdeten Arbeit kannte ihr Tun die durch Arbeitsteiligkeit bedingte Entfremdung nicht. In einer Welt kollektiver Beziehungen hatten sie das berufsbedingte Privileg der Individualität. Sie lebten von der fortwährenden Selbstentblößung und der professionellen Schamlosigkeit, die das Wesen der Kunst ausmachen und jedenfalls den Immoralismus begünstigen, weshalb zu ihren Berufskrankheiten die Eitelkeit und die potentielle Korrumpierbarkeit zählten. Woher also nahmen sie die Kühnheit, ihre Gedanken und ihre Existenz für maßstäblich zu halten? Wie auch immer: Sie taten es.

Damit bestätigten sie zunächst einmal den Herrschenden deren auf Ignoranz gegründetes Mißtrauen. Diese, wohl wissend, daß sie ein weithin ungeliebtes Regime vertraten, bedienten sich zum Zwecke des Machterhalts der bei allen Diktaturen üblichen Methode, daß sich der Drohung das Lockmittel verbindet. Man versuchte, eine mögliche Volksfront zwischen Geist und Publikum, die zwar völlig irreal war, was man aber nicht begriff, dadurch zu verhindern, daß man den Geist teils einschüchterte, teils ihm schmeichelte und ihn bestach.

Man lasse mich im folgenden und der Einfachheit halber aus einem Text zitieren, den ich zum Thema publizierte und der mir allerlei Protest eingetragen hat. Ich sage da vom Künstler in der DDR:

»Er wurde Funktion in einem System der repressiven Toleranz, wobei er am Prinzip der Duldung übermäßig, an der Repression vergleichsweise wenig partizipierte.

Wer in der DDR zu den Künstlern zählte, hatte das bessere Modell des Daseins erwählt. Nicht nur seine Einkünfte lagen über dem Durchschnitt, auch seine Freizügigkeit war jene selbstverständliche, die der kommunistische Staat dem Rest seiner Untertanen vorenthielt. Sang der Künstler das Lob der Mächtigen, wurde er von ihnen mit monetären Wohltaten überhäuft. Suchte er den Konflikt mit ihnen, bescherte ihm dies angenehme Schlagzeilen jenseits der Grenzen, die ihn mit einer schützenden Aura umgaben und sich ihrerseits monetär ausbeuten ließen. Viele wählten einen irgendwie gearteten Mittelweg, und noch die Keckesten unter ihnen dienten der alten Staatsmacht als pseudoliberales Alibi, ob sie das nun wußten oder nicht. Die meisten wußten es...

Wie völlig verdorben unser Kontakt zur Wirklichkeit war, zeigen Ereignisse des vergangenen Herbstes, da sich einige Künstler, deren Ruhm ihr vorgeblicher Freimut war, für das Modell einer separaten DDR mit verbessertem Sozialismus ereiferten, während die Wirklichkeit, mit guten Gründen wie auch mit deutlichen Mehrheiten, sich längst anders entschieden hatte. Als sie ihrer Niederlage inne wurden, beklagten sie statt ihrer eigenen Blindheit den Sieg eines fremdbestimmten Intellektuellenhasses.«

Soweit das Selbstzitat. Zu meiner letzten Anmerkung sei hier noch etliches nachgetragen.

Ich glaube inzwischen nicht mehr, daß allein Erblindung und Verderbtheit die erwähnte Option für eine fortbestehende DDR erzeugten. Es handelte sich außerdem um ein nüchternes Kalkül. Daß die DDR nicht nur als Realität, sondern auch als Möglichkeit am Ende war, ließ sich für jeden intelligenten Beobachter schon Ende 1989 wahrnehmen. Wer es nicht sah, hatte Anlaß, es nicht sehen zu wollen. Dies war die Situation erwähnter Künstler.

Man wußte nämlich, es war allein dieser wackelige Separatstaat, der die eigene bisherige Existenz samt ihren materiellen und immateriellen Köstlichkeiten garantierte. Fiel er zusammen, fiel man mit, und das wollte man abwehren, indem man verzweifelt die alten Lebenslügen fortschrieb, als sei das Politbüro der SED keine Versammlung bankrotter Politiker gewesen, sondern lediglich die falsche Probierstube einer realistischen Utopie. Man mag solcher Haltung eine subjektive Verständlichkeit zubilligen, objektiv ist sie eher menschenverachtend und mies.

Hiermit halten wir bei jener Diskussion, die jüngst einige Maler und Autoren aus der früheren DDR ergriffen hat. Ich übersehe nicht die Tartuffe-Motive mancher der Ankläger, die heute mit Gebärden des Abscheus verdammen, was sie gestern noch anpriesen, und mit solchem Tun, das sich auch als Selbstbestrafung begreifen läßt, die letzte Drapierung des postmodernen Zeitgeistes nachfalten.

Schwerer wiegt der Umstand, daß sie mit ihren Argumenten völlig recht haben. Der einzig substantielle Vorwurf, den man ihnen machen muß, besteht darin, daß sie ihre Attacke bloß gegen ein paar handverlesene Einzelfiguren vortragen, während doch ihre Schelte dem Prinzip und damit uns allen zu gelten hätte.

Wir haben nämlich samt und sonders versagt. Wir haben dies auch jetzt noch, da die Auseinandersetzung, die eigentlich aus unserer Mitte heraus hätte erfolgen müssen, von außen an uns herangetragen wurde. Als sie dann stattfand, reagierten die meisten von uns statt mit Nachdenklichkeit mit Empörung und Larmoyanz, und ein paar gute Geister von jenseits der Grenzen unterstützten uns noch bei unserem Selbstbetrug, indem sie aus falsch verstandener Solidarität die Partei unserer Lebenslügen nahmen.

So greinen wir weiter um den Verlust unserer einstigen Vorzugsstellung. Wir preisen unsere politischen Verdienste, die in einer angeblichen Konditionierung des politischen Widerstands in der alten

DDR bestehen sollen, und übersehen, wieder einmal, die Wirklichkeit, die darin bestand, daß der gesellschaftliche Wandel vom Herbst 1989 durch die Botschaftsbesetzer von Prag, Warschau, Budapest und Ostberlin angestoßen worden ist, die kein kritisches Gedicht, kein experimenteller Holzschnitt je erreichte. Um es auf eine Kurzform zu bringen: Der geistige Vater des Zusammenbruchs der alten DDR heißt nicht Stefan Heym, sondern Gyula Horn.

Die DDR vor dem Herbst 1989 galt als Leseland. Wie sehr auch dies bloß ein Ausdruck der allgemeinen Restriktionen war, erweist sich seither, da unser Publikum, seit es die Möglichkeit dazu hat, lieber zu BILD-Zeitung und Lore-Romanen greift statt nach unseren Büchern. Auch die Lesegewohnheiten im alten Honecker-Staat resultieren eben aus der Not, und die auf sie gegründete Gemeinschaft wurde gekündigt, sobald die Not fortfiel. Dies ist für unser Selbstwertgefühl gewiß schmerzlich, doch wollen wir so vermessen sein, der alten Kunstbräuche wegen etwa die Not wieder herbeizuwünschen? Schreckliche Vorstellung; aber genau dies ist, heimlich oder offen, in den Künstlerkreisen jener Region, die eben noch DDR hieß, die verbreitete Sitte.

Die Wirklichkeit indessen besteht darin, daß wir zurückgeworfen sind auf den Markt. Er ist gerechter als eine banausische Politbürokratie mitsamt ihren Zensoren, und selbst wo er ebenso ungerecht sein sollte wie diese, ist er es doch wenigstens aus ökonomischer Raison und nicht aus diktatorischer Beliebigkeit.

In einer Wochenzeitung lese ich diese »gute Nachricht: Die deutsche Wiedervereinigung wird nicht an der Kunst scheitern! Muß das nicht wundernehmen in einem Land, das die Kunst während der letzten hundert Jahre politisch überschätzte bis zur Maßlosigkeit? Hätte Wilhelm II. nicht ebenso wie Hitler oder Ulbricht die Kunst in einer historisch so bedeutsamen Situation zur erstrangigen Staatsaffaire gemacht, der Kaiser und der Führer sogar mit detaillierten Skizzen eigener Hand? Kohl tut es nicht und könnte es nicht einmal, wenn er wollte, denn mit der Kunst ist kein Staat mehr zu machen.«

Solche Sätze lese ich mit beträchtlicher Erleichterung.

Der Markt, auf dem wir stehen, hat also den Vorzug, den Künstler von seinem aufgeblähten ideologisch-moralischen Überbau zu befreien und sein Verhältnis zum Publikum wieder in die archaischen Kategorien von Angebot und Nachfrage zu betten. Wir wären gut beraten, wenn wir dies nicht als Verarmung, sondern als Normalisierung begriffen. Der Markt ist eine uralte Einrichtung. Er war immer bunt, laut, öffentlich und multipel, was fast schon demokratisch bedeutet. Die Künstler hatten seit jeher auf ihm ihre Stände, als Kalligraphen und Märchenerzähler, als Flugblatt-Illuminatoren, als Bänkelsänger, Stadtpfeifer und Gaukler, die man für ihre Dienstleistungen angemessen bezahlte.

Mehr waren wir nie. Mehr sollten wir auch nicht sein wollen, und es wäre gut, wenn wir uns endlich wieder offen dazu bekennen würden.

Von linker Melancholie

Der erste, der es laut aussprach, wenn mich meine Erinnerung nicht täuscht, war der Dichter Günter Kunert. Die DDR gab es damals noch. Sie war eben erst im Begriff, unterzugehen. Da ließ sich der einstige DDR-Lyriker vernehmen, es werde demnächst eine DDR-Nostalgie ausbrechen. Dies war so offensichtlich gegen die Tendenz des obwaltenden Zeitgeistes gesagt, daß sich die Wahrheit der Behauptung überhaupt nicht mehr abweisen ließ.

Inzwischen sind wir ein Kalenderjahr weiter und der verheißenen Nostalgie ein Stück näher. Zwar, die PDS stürzt Monat um Monat in den demoskopischen Umfragen weiter ab, daß sie demnächst auch in den fünf neuen Bundesländern unter die Fünf-Prozent-Schwelle gelangen dürfte, was aber nur auszuweisen vermag, daß der von ihr repräsentierte Altstalinismus zur Zeit nicht mehrheitsfähig ist. Vorhanden bleibt er gleichwohl. Ein harter Kern einstiger Privilegienempfänger trauert lautstark seiner Vergangenheit hinterdrein.

»Was wir in vierzig Jahren unter schwierigen Bedingungen entwickelt haben, wird fortleben in den Kämpfen der Zukunft. Ich denke dabei insbesondere an die sozialen Errungenschaften, für deren Verteidigung die Menschen, insbesondere die Arbeiter, auf die Straße gehen.« Sagt der entmachtete Erich Honecker im sowjetischen Militärhospital

Beelitz, seiner zeitweiligen Bleibe. »Wir hatten schließlich eine aufblühende Volkswirtschaft«, sagt er noch. »Das ist auch von den größten Miesepetern nicht zu bestreiten.«

Den Starrsinn, mit dem hier Tatsachen ignoriert und unveränderliche Überzeugungen wiederholt werden, mag man wahlweise dem Alter, der eingeschränkten Intelligenz oder einer eisernen Indoktrination zuordnen. Immerhin unterscheidet er sich auffällig von der hastigen literarischen Reue des Ex-Politbürokraten Günter Schabowski, ebenso wie von der eifernden Anklage jenes vormaligen DDR-Generalstaatsanwalt-Sprechers Przybylski, der mit der keinesfalls umwerfenden Erkenntnis, daß Karrieren in stalinistischen Organisationen zu biographischen Verrenkungen führen, einen wahrhaftigen Bestseller schuf. Erich Honeckers düstere Standhaftigkeit erinnert sonderbar an jene des Rudolf Heß vor dem alliierten Kriegsverbrechertribunal in Nürnberg. Muß man daran erinnern, wie es anläßlich der Grablegung des Hitler-Stellvertreters zu einem förmlichen Auftrieb fanatisierter junger Leute kam?

Der Passepartout-Moralist Przybylski dürfte der DDR nicht nachgreinen, da er zu denen gehört, deren Überzeugung das eigene Fortkommen ist. Eher geschieht wohl, daß die durch sein Beispiel vorgegebene marktwirtschaftliche Gelenkigkeit den Ekel und das Heimweh jener anderen befeuert, deren Bekenntnisse der Tagestendenz ganz zuwider laufen und so angenehm nach Altruismus duften. Wir befinden uns im Kreis der Bessermacher.

Ihre Zahl ist beträchtlich. Ihre Charaktere sind buntscheckig. Da gibt es den Kleingeist Egon Krenz, den Intriganten Markus Wolf und den trübseligen Buchhalter Hans Modrow. Sie alle wollten einmal die alte DDR reformieren und verhoben sich. Es gehören außerdem hierher die meisten Bürgerbewegten vom Herbst '89. Sie wollten »auf der Eigenständigkeit der DDR bestehen und versuchen, mit allen unseren Kräften und in Zusammenarbeit mit denjenigen Staaten und Interessengruppen, die dazu bereit sind, in unserem Lande eine solidarische Gesellschaft zu entwickeln, in der Frieden und soziale Gerechtigkeit, Freiheit des einzelnen, Freizügigkeit aller und die Bewahrung der Umwelt gewährleistet sind«.

Die Autoren dieser entsetzlich papierenen Absichtserklärung (»Für unser Land«) übersahen, daß derlei weder durchsetzungsfähig noch finanzierbar war. Es wies sie aus als die verträumten Schöngeister, die sie ihrem Beruf zufolge sowieso waren. Eine Niederlage werde nicht dadurch weniger schmerzlich, daß man sie sich erklären könne, sprach hernach die Schriftstellerin Christa Wolf, die den besagten Aufruf mitverfaßte und sich schon bald genötigt sah, ihre »linke Melancholie« einzubekennen. Melancholie besteht aus unerlöster Zärtlichkeit. Deren Objekt ist in diesem Fall die DDR.

Unter die namentlich erwähnten Zeugen ihres Schmerzes rechnet Christa Wolf die Autoren Walter Jens aus Schwaben und Günter Grass aus Schleswig-Holstein. Damit hat sie insofern recht, als die DDR-Nostalgie durchaus keine ostelbische Spezialität ist.

Eine linke übrigens auch nicht. Nach übereinstimmenden Berichten aus den Chefetagen großer konservativer Kampfblätter brach dort nach dem Zusammenbruch des Realsozialismus in Deutschland eine lähmende Traurigkeit aus. Zwar hatte man unentwegt den Untergang des roten Imperiums vorhergesagt, aber man hatte nicht daran geglaubt. Nun man wider Erwarten recht behalten hatte, sah man sich um den vertrauten Gegner gebracht. Wozu war man fortan noch nütze?

Irgendwie ging es doch weiter, und wenigstens blieb das Bewußtsein des politischen Triumphes, während die Komplementäre vom linken Lager außer dem Verlust ihrer DDR auch noch jenen einer Utopie zu beklagen hatten.

Letztere mußte nicht in jedem Falle Sozialismus heißen. Manche begnügten sich schon mit der deutschen Zweistaatlichkeit: als Garantie gegen nationales Großmachtstreben, wie bei Günter Grass, oder als verdiente Strafe des Weltgerichtes für den Holocaust, womit in etwa die Position von Walter Jens umrissen wäre.

»Warum haben wir nicht die Republik Ostdeutschland ausgerufen und die staatlichen Organe nach Hause gejagt? Anfang November wäre es doch möglich gewesen, sogar ohne Waffen. Nun ist es zu spät. Die Angepaßten aus den Blockparteien haben mit westlicher Hilfe gewonnen. Die Frauen und Männer der ersten Stunde halten ihre Trauerversammlung.«

Der da so redet, stellvertretend für die unterlegenen Reformer in der DDR, ist der linke Pastor Heinrich Albertz. Er wie alle anderen Utopisten einer ostelbischen Radikaldemokratie vergessen die neuerliche Massenflucht nach dem Mauerfall und, mehr noch, die bereits seit 1983 manifeste wirtschaftliche Pleite im Land. Statt dessen wird hier das wesentliche Element einer anderen Dolchstoßlegende benannt. Die Blockflöten als neue Novemberverbrecher? Es ist entschieden zu viel der Ehre.

Albertz ruft noch nach »Parteinahme gegen die westlichen Haie und Geschäftemacher und die willfährigen Mitläufer ›drüben‹«, was wie eine Antwort wirkt auf jene Warnung des Aufrufes »Für unser Land«, da, »veranlaßt durch starke ökonomische Zwänge und durch unzumutbare Bedingungen, an die einflußreiche Kreise aus Wirtschaft und Politik in der Bundesrepublik ihre Hilfe für die DDR knüpfen, ein Ausverkauf unserer materiellen und moralischen Werte beginnt«.

Daß der Zugriff des Kapitalismus in Ostdeutschland kein pfleglicher Vorgang sein würde, war von Anfang an gewiß. Daß die »Angepaßten aus den Blockparteien« sich hier als eher unfähige Unterhändler erwiesen, spricht für ihre allgemeine Miserabilität, war aber nicht zwingend vorgegeben. Der zur Zeit fetteste Humus für die fortwuchernde DDR-Nostalgie komponiert sich aus Arbeitslosigkeit, westlichem Besitzegoismus, brutalem Verdrängungswettbewerb und fahrlässigen Politikerversprechungen, aus wachsendem Fremdenhaß, zunehmender Gewaltkriminalität und progredierender Verblödung im Zeichen von Videothek und Groschenblatt.

»Ist das denn etwa die Freiheit? Ist man frei, wenn man nicht arbeiten gehen kann? Also, für mich gibt es bessere und nützlichere Freiheiten«, sagt ein 17jähriges Lehrmädchen aus dem Osten und begründet damit sein Votum gegen die Wiedervereinigung. Es ist eine Stimme von mittlerweile Zehntausenden. Darauf das höhnische Echo des greisen Erich Honecker nach seinem Sturz: »Gab es nicht das Recht auf Arbeit, für jede Arbeit, für jeden Beruf? War das Volk der DDR faul oder fleißig?«

Es ist so wie mit den westelbischen Nahrungsmitteln. Nach dem 1. Juli 1990 stürzten sich zunächst alle auf sie, daß die DDR-Produkte liegenblieben und verkamen. Heute findet jedermann, bloß die Verpackung sei raffinierter, der Inhalt aber entschieden gehaltloser, fader und zudem teurer als bei den alten Waren mit den grauen Hüllen.

Außerdem sehen sich die Ostdeutschen forwährend darauf gestoßen, daß sie von minderer Art seien: durch die schlechtere Entlohnung bei gleichem Tun, durch die massierten Vorurteile des Westens, durch die tägliche Anschauung der eigenen materiellen Rückständigkeit. Da aber kaum einer fortwährend in Sack und Asche gehen mag, verwandelt sich das östliche Sosein allmählich in eine positive Moral.

Ihr Name lautet: DDR-Identität. Keiner weiß, was und wie die eigentlich ist. Als Schutz- und Trotz-Vokabel taugt sie deswegen um so besser. Sie könne »nicht sagen, daß ich vorher ungeteiltes Vertrauen zur Regierung und zur SED hatte, aber allzu schlimm, wie es jetzt immer dargestellt wird, habe ich es nicht empfunden«, äußert eine 16jährige Schülerin, und ein angehender Schienenfahrzeugschlosser, drei Jahre älter, sattelt drauf: »Mein Heimatland – die DDR – wird ersatzlos aus der Weltkarte ausgelöscht. Das stört mich moralisch.«

Aus derlei diffusen Gefühlen und Erinnerungen erwächst das Bild einer DDR, die so nie existiert hat und der auch die fortwährenden Enthüllungen über Tote an der Mauer, über SED-Amtswillkür und Stasi-Allmacht kaum mehr etwas anhaben können. Ohnehin verliert Mielkes Firma durch die übergroße publizistische Abnutzung zusehends von ihrem Schrecken. Man kann förmlich darauf warten, daß, als Seitenstück zur Auschwitz-Lüge, demnächst die MfS-Lüge aus dem Dunst ostdeutscher Stammtischgespräche tropft.

Dann wird man wohl entsetzt nach den Gründen fragen. Man wird sie finden in der Kurzatmigkeit der Zeitgeschichte und in der Trägheit der menschlichen Seele. Statt mit Sorgfalt und Unerbittlichkeit die allgemeine politische Vergangenheit und den eigenen persönlichen Anteil daran bedenken zu müssen, sehen sich die Betroffenen allerlei hastigen Wechselbädern ihrer Gefühle ausgesetzt, daß sie schließlich dankbar nach dem nächstbesten Rettungsanker greifen.

Aus dem Mittelgebirge der inzwischen massenhaft erschienenen Beschreibungs-, Enthüllungs- und Rechtfertigungsliteratur zur DDR ragt, als ein einsamer Gipfel, das Buch mit dem etwas mißverständlichen Titel »Rückkehr nach Europa«. Sein Verfasser, Jens Reich, war ein Promoter des Herbstes '89 in Ostberlin. Neben Wolfgang Ullmann, Gregor Gysi und Wolfgang Thierse wurde er eines von vier starken politischen Talenten aus dem deutschen Osten, und als einziger der vier widerstand er der Versuchung, endgültig in die politische Klasse aufzurücken. Seine Sammlung von Eindrücken, Notizen und Reden, genau bedacht und glänzend formuliert, äußert sich unter anderem zum Phänomen der untoten DDR. Reich rubriziert es unter der Vokabel »Trotzidentität«.

Er benennt die Ingredienzen: »Es ist wie der Abschied von der Schule, die man gehaßt hat und die doch ein Teil des Lebens war. Man empfindet Erlösung, Befreiung, aber auch beklommene Wehmut. Traurig sitzt du in der Schulbank, die schon keine mehr ist; der Lehrer ist milde gestimmt, auch er den Tränen nahe, und du nimmst den Bleistift und schreibst ein larmoyantes Gedicht...« Er benennt, als vorbeugendes Mittel gegen politisches Heimweh, die Techniken und Erfahrungen einstiger Deformation. Die Angst. Die Anpassung. Sie führe bis zur Selbstzensur, als »veredelter Kotau: demütiges Schweifwedeln des Untertanen als souveräne Taktik verkleidet«.

Aber was nützt das noch, wenn im vollen Bewußtsein solcher Dinge der DDR gleichwohl gnädig gedacht wird? Wo Jens Reich das genaueste Buch zum Gegenstand verfaßte, schrieb das sonderbarste ganz gewiß Hans Mayer.

Der 85jährige Literaturwissenschaftler mit heutigem Wohnsitz in Tübingen erinnert sich einer Deutschen Demokratischen Republik, die er einst mit guten Gründen floh und in der er gleichwohl die produktivsten Jahre seines Lebens verbrachte. »Ende schlecht, alles schlecht?« fragte er listig und warnt davor, »das Personal dieses Staates und der ihm vorausgehenden sowjetischen Besatzungszone auch moralisch und charakterologisch *vom Ende her zu deuten*«. Das schlechte Ende widerlege nicht einen möglicherweise guten Anfang. »Demokratisch und antifaschistisch. *Das war eine Denkwirklichkeit, nicht bloß eine Vokabel.*«

Was, bitte, ist eine Denkwirklichkeit inmitten einer völlig andersgearteten politischen Praxis? War das Antifaschismus, wenn Halbwüchsige in die eben von Hitlers Häftlingen geräumten Konzentrationslager Buchenwald und Sachsenhausen gesperrt wurden und dort verkamen? Das Ende war wie der Anfang. Schon der Anfang stand gleich im Zeichen von Walter Ulbricht.

Den mag Hans Mayer nun auch nicht. Er setzt gegen ihn Wilhelm Pieck, der aber allenfalls erträglich wird im Vergleich zu Walter Ulbricht. Pieck hat seinen schrecklichen Anteil an der Stalinisierung der KPD, und als Gast des Moskauer Hotel Lux war er so beugsam wie die meisten, ausgenommen vielleicht Palmiro Togliatti.

Hans Mayer versucht eine – auch literarische – Ehrenrettung des späten Johannes R. Becher. Eigentlich wäre sie unnötig. An Totalverrissen Bechers probieren sich die Banausen. Hans Mayer benötigt seinen Versuch, um Becher als »unersetzbar«, als »Glücksfall« eines ostdeutschen Kulturministers zu preisen und die junge DDR als einen Staat der Schriftsteller. Gewiß: »Sie alle lebten miteinander in einem Turm und wußten, daß er bereits gefährlich hoch in den Wolken stand.« Gleichwohl: welch eine Situation, unvergleichlich noch im Scheitern, und selbst die Trauer darum kommt süß: »linke Melancholie«, mit der Mayer-Schülerin Christa Wolf zu sprechen.

Eine solche Nostalgie ist mit keinem Argument zu beschädigen, da sie bereits alle Argumente kennt. Von daher ist ihr auch eine bedeutende Zukunft zuzubilligen. Obschon, was der Dialektiker Hans Mayer natürlich weiß, das schlechte Ende immer gegen den Anfang zeugt, da es bloß dessen Konsequenz ist, wird, nach einer Periode der verdeckten Regeneration, die DDR als vertane, verspielte oder gar verratene politische Möglichkeit ins kollektive Bewußtsein der Deutschen zurückkehren. Sie wird den trostlos vagabundierenden linken Sehnsüchten einen Platz der Ruhe stiften und einen Gegenstand der Identität. Sie wird so phantastisch und so wirklich sein wie das Dritte Reich in den einstigen Reden des Michael Kühnen. Oder, mit dem hölzernen Pathos des greisen Honecker: »Aus dem schier Unverständlichen des Zusammenbruchs der sozialistischen Gesellschaft wächst zugleich der Aufbruch in eine neue Welt.«

Volk ohne Trauer

Die Vergangenheit soll, was uns betrifft, ohne daß Anlaß zur Reue wäre, auf sich beruhen«, heißt es da. »Natürlich ist der Versuch, sich von der quälenden Erinnerung an Schuld und Scham abzusetzen, ein allgemeinmenschliches Bedürfnis.«

Was hier wie eine Beschreibung aktueller Zustände aus der eben aufgelassenen DDR klingt, ist in Wahrheit ein Vierteljahrhundert alt. Es handelt sich um Sätze aus einem Essay von Margarete und Alexander Mitscherlich, »Die Unfähigkeit zu trauern«, und schildert die Seelenlage der Westdeutschen Mitte der sechziger Jahre. Das Buch hat damals viel Aufsehen gemacht. Es dürfte auch mitgewirkt haben an der geistigen Vorbereitung jener Studentenrevolte, die als eine inständige Befragung der Väter begann und, in ihren geglückten Anstößen ebenso wie in ihren blutigen Extremismen, ein Generationskonflikt immer geblieben ist.

Die Mitscherlichs suchten nach der nicht aufgearbeiteten Vergangenheit des Dritten Reiches im Bewußtsein der Westdeutschen. Bei den Deutschen aus der ehemaligen DDR liegen schon jetzt vergleichbare Befunde vor. Niemand komme hier mit dem geläufigen Argument, das Hitler-Reich und die DDR, SED und NSDAP seien einander unvergleichlich, und der Versuch, den Vergleich dennoch anzustellen, sei eine politische Obszönität. Ich selber, wozu ich mich bekenne, habe gelegentlich so argumentiert: zunehmend matter, doch erst das Trümmerfeld, das die jüngst geschehene Geschichte in meinem Bewußtsein hinterließ, bringt mich dazu, meinen dies betreffenden Irrtum einzugestehen.

Vielleicht wäre ich etwas eher dazu bereit gewesen, hätte es nicht Ernst Nolte gegeben, der außer dem möglichen Vergleich noch die unmögliche Kausalität behauptet. Stalin sei mitverantwortlich oder geradezu hauptschuldig an Hitlers Verbrechen. Diese elende Exkulpation der Deutschen, ein später Fall für die Mitscherlichs, hat zugleich verhindert, daß die längst überfällige Analyse des Bolschewismus als einer Form jener antirepublikanischen Massenbewegungen, wie sie nach dem Ersten Weltkrieg allüberall aufbrachen, bis heute ausgeblieben ist.

Der Literaturwissenschaftler Hans Mayer, Staatsbürger unter Hitler wie unter Ulbricht und vor beiden geflüchtet, lehnt einen Vergleich der von beiden verantworteten Regimes aus Gründen der Unverhältnismäßigkeit ab. Der Vergleich kann freilich auch nicht zwischen Berlin früher und später, er muß zwischen Berlin und Moskau ausgezogen werden, und hier dürften die Resultate den grimmigen Ausspruch eines Sowjetbürgers gegenüber einem deutschen Journalisten bestätigen: »Unser Kommunismus und euer Faschismus sind die gleiche Seuche. Ihr habt sie nur loswerden können, bevor sie euch so weit zerstört hat wie uns.«

Die DDR war ein Annex der Sowjetunion. Die dort geschehenen Verbrechen betrafen uns immer mit. Auch wenn sie nicht immer auf unser Territorium übergriffen, waren sie unser unmittelbarer Teil. Daß in den gleichen Konzentrationslagern Buchenwald und Sachsenhausen Gegner Hitlers und Gegner Stalins auf die gleiche Weise zu Tode gebracht wurden, ist ein ebenso blutiges wie stupendes Gleichnis, dem jetzt insgesamt der nötige memoriale Respekt erwiesen wird. Dabei kann keine Rede davon sein, wir hätten es etwa vorher nicht gewußt.

Das »wir« meint zunächst alle, sechzehn Millionen, und selbst wenn die Details von Stalins Verfolgungen und Ulbrichts blutiger Kollaboration nicht zu jedermanns Kenntnis kamen, so gab es doch die Schüsse an der Mauer und deren Opfer, die als elektronisch verbreitete Nachricht alle Wohnstuben erreichten. Eine Herrschaft, die solche Praktiken betrieb, war kriminell, und ihr selbstformulierter Humanitätsanspruch war erkennbare Lüge und zynische Heuchelei.

Es hatte einen Versuch gegeben, 1953, diese Herrschaft abzuschütteln. Er war niedergewalzt worden von russischen Panzern, und ähnlichen Versuchen in benachbarten Ländern war es ähnlich ergangen. Also floh man, aus dem Lande und noch viel häufiger in die Apathie oder in die Angewöhnung, und für das Unrechtsbewußtsein, das sich gelegentlich einstellen mochte, gab es die bittere Gewißheit, daß man schließlich immerzu bestraft wurde, durch das tägliche Leben, das, verglichen mit jenem der Verwandten im deutschen Westen, nicht nur viel geringere Freiheiten, sondern auch die schlechtere materielle Ausstattung besaß. Daß die eigene Lage so bemäntelt wurde, bedeutete schon, sie auch zu billigen.

Darf man demnach so weit gehen wie der ARD-Mann Claus Richter mit diesem Befund: »Noch vier Jahre nach dem Amtsantritt Gorbatschows, zehn Jahre nach dem Entstehen einer unabhängigen Gewerkschaft und Volksbewegung in Polen, votierten neun von zehn Ostdeutschen ohne äußeren Zwang für das heute so bejammerte stalinistische Unterdrückungssystem«? Ich kann hier nicht für jedermann aussagen. Eine gute Adresse für Vorwürfe und Selbstvorwürfe aber ist die Schicht der Intellektuellen, der ich angehöre.

Durch ausgeborgte slawische Kulturgewohnheiten, durch ständiges Einreden und auch durch allerlei schmeichelhafte Lebenslügen waren wir, zumal die Künstler, in den förmlichen Rang einer moralischen Instanz aufgerückt. Tatsächlich wurde auf uns gehört. Wir wußten das. Wie groß unser Einfluß war, läßt sich nur schwer bemessen, er war wohl eher gering, aber es geht hier nicht um numerische Quantitäten, es geht um das Beispiel.

Was also brachte uns dazu, dem unbedingten Fortbestand der DDR das Wort zu reden, das, wie kritisch es manchmal sein mochte, nur selten die Grenzen der repressiven Toleranz durchstieß und damit der Stabilisierung des Systems zugute kam, was wir wußten und am Ende wohl auch wollten?

Die Antwort auf diese Frage wird von Fall zu Fall ein wenig anders ausfallen, und ich will, um nicht unbillig zu generalisieren, im folgenden nur von mir berichten.

Ich habe mit dem Marxismus das politische Denken gelernt, und die Faszination dieser Weltanschauung ist mir geblieben. Was unter Berufung auf sie als gesellschaftliche Wirklichkeit auftrat, war von den Verheißungen grundverschieden. Da erschien es als eine lohnende Aufgabe, mitzutun, daß solche Diskrepanz verschwinde oder, später und bescheidener gewollt, daß sie geringer werde.

Die Wirklichkeit zeigte dazu wenig Neigung, und so geschah, daß ich mit ihr zunehmend in Konflikte geriet. Ein für mich entscheidendes Datum war der November 1976, in dessen Folge für mich die Möglichkeiten, in der mir bisher gewohnten Form öffentlich wirksam zu werden, fast gänzlich fortfielen. Ich sah mich schließlich genötigt, zehn Jahre lang meiner beruflichen Tätigkeit in der Bundesrepublik Deutschland nachzugehen.

Die naheliegende Konsequenz, auch meinen Wohnsitz dorthin zu verlegen, schlug ich aus. Die Gründe für meine etwas sonderbare Entscheidung hatten mit Trotz, mit Sentimentalität und mit Selbsttäuschung zu tun. Meine einst weltveränderlichen Utopien waren zusammengeronnen auf jenen pragmatischen Rest, daß ich mithelfen wollte, jenen Aschenputtel-Staat namens DDR ein wenig wohnlicher zu machen.

Das eine und andere habe ich tatsächlich bewirken können. Zwei öffentliche Kampagnen meiner Person in westdeutschen und westeuropäischen

Medien haben es verhindert, daß die denkmalspflegerische Substanz jener Stadt, in der ich aufgewachsen bin, Wernigerode am Harz, unheilbaren Schaden nahm. Ich war mitbeteiligt an der vorzeitigen Entlassung zweier politischer Häftlinge in der DDR, und wahrscheinlich hat ein Protest, den ich im SPIEGEL drucken ließ und der sich gegen die Hexenjagd auf den Sticker »Schwerter zu Pflugscharen« wendete, zum endlichen Abbruch dieser skandalösen Kampagne beigetragen.

Freilich, die Hexenjagd auf den Sticker mußte so und so aufhören, da der innen- und außenpolitische Schaden inzwischen ins Unermeßliche wuchs. Bei den Freilassungen unternahm ich hauptsächlich Botengänge, für die sich notfalls auch ein anderer gefunden hätte, und die Mittel, die in Wernigerode aufgewendet worden sind, hat man anderswo abziehen müssen, womöglich im benachbarten Quedlinburg, wo sie ebenso dringend erforderlich waren.

Mit meinem öffentlichen Einsatz gegen die Aufstellung neuer Mittelstreckenraketen und für die Einrichtung eines sozialen Friedensdienstes in der DDR aber bin ich ebenso traurig gescheitert wie jene vielen, die das gleiche wollten. Was ich sonst noch trieb, hier ein keckes Statement öffentlich zu machen und dort einen frechen Text, mag vielleicht den einen oder anderen Betonkopf in Honeckers DDR heftig geärgert haben, doch blieb es folgenlos, in der Sache ebenso wie für den Urheber, also mich.

Dafür diente ich mitsamt meinem Tun immer wieder als bequemes Argument, daß in dem Staat, der sich einen solchen bunten Vogel leisten könne, die fortwährend behaupteten Einschränkungen der Meinungsfreiheit unmöglich zutreffen könnten, zumal ich in dieser Rolle nicht der einzige war. Ich habe in den zehn Jahren meiner westdeutschen Berufstätigkeit beträchtliche Summen erlöster Devisen, wie es meine vertragliche Pflicht war, bei der Staatsbank der DDR eingezahlt und damit Herrn Schalck-Golodkowskis Valutakonten gefüllt. Wenn ich den jungen Leuten, die bei mir daheim auf dem Sofa saßen, weil sie von mir Ermunterung für eine offene Rebellion erheischten, nur immer wieder zu Ruhe und Zurückhaltung geraten habe, da ich sie vor Knast und gewaltsamem Wechsel des Vaterlandes bewahren wollte, so war auch das bloß indirekt der Stabilität der DDR dienlich.

Bei jeder meiner vielen Grenzpassagen aber mußte ich mich fragen, wieso ich für Dinge, die anderen Bürgern des Landes einen längeren Aufenthalt in den Strafvollzugsanstalten von Cottbus, Bautzen oder Hoheneck eingetragen hatten, ausgerechnet mit dem von Millionen anderen heiß ersehnten Privileg der Freizügigkeit bedacht wurde.

Es handelte sich, natürlich, um eine Gebärde der Korruption. Daß ich sie für in anderen Fällen strafwürdige Handlungen erfuhr, sollte mir wohl beweisen, in meinem Falle sei man nicht so, da man mich für eher nichtig hielt. Oder sollte ich etwa glauben, man attestiere meiner Person eine derart hohe Bedeutsamkeit, daß man mit mir nachsichtig umzugehen genötigt sei? So oder so handelte es sich um erfolgreiche Attacken auf mein Selbstwertgefühl, vor denen ich mich am Ende nur in allerlei Zynismen flüchten konnte. Selbst darin machte ich mich, da Zynismus zuletzt die einzige Moral des alten Regimes war, zu einem Komplizen.

Die Lösung für mich wäre gewesen, das Land völlig zu verlassen, wie so viele andere aus meiner Branche. Ich hätte den Umzug problemlos haben können, und wirtschaftliche Angst vor dem Westen mußte ich auch nicht bekommen, da ich dort ohnehin schon meinem Beruf nachging. Wieso also bin ich nicht gegangen?

Daß ich es nicht getan habe, wiegt um so schwerer, da es als zusätzlichen Anlaß wiederholt alltägliche Schikanen gab, die gegen mich gerichtet waren und mehr noch gegen meine Familie. Statt den Möbelwagen zu ordern, schrieb ich protestierende Briefe oder machte mich sonstwie vernehmlich. Meistens hörten die Dinge dann auf. Es war vielleicht doch nicht alles so schlimm, und man konnte sogar etwas bewegen, wenn man nur die dazu notwendige Hartnäckigkeit aufbrachte? Mit derlei systemfrommen Erklärungen half ich mir weiter in meiner Existenz, deren nicht alltägliche Erfahrungserträge ich natürlich auch ein wenig genoß.

Prüfe ich mich genau, weiß ich, daß die letzte Barriere gegen meinen möglichen Fortgang mit dem praktizierenden Marxismus zu tun hat. Ich wollte mir selbst nicht als einem Überläufer begegnen. Ich hatte Angst davor. Ich kannte aus vielen Beispielfällen jenes fortwuchernde Schuldgefühl der Abtrünnigen, ich hatte sogar einen Namen dafür parat, das Renegaten-Syndrom, ich hatte es einmal beschrieben als das ständige Leiden unter Vorwürfen, die keinen Urheber hätten als das eigene Ich, und eben das sei es. Der Marxismus mit seinen Ordensregeln und chiliastischen Verheißungen ist eine säkulare Religion. Die von ihm wahrhaft Ergriffenen sind gezeichnet. Ich wußte es und konnte gleichwohl nicht dagegen an. Der zitierte Vergleich des Bolschewismus mit einer Seuche umfaßt auch diese Dimension. Da es sich aber alles so verhält, muß ich auch über Mitschuld nachdenken, und anderen meinesgleichen sollte es ähnlich ergehen. Daß hier nur mitreden könne, wer unmittelbar dabei war, wie Walter Jens und vor allem Rolf Hochhuth behaupten, würden beide genannte Autoren im Falle der Kontroverse zwischen Thomas Mann und Walter von Molo, die bald nach dem letzten Krieg stattfand, weit von sich weisen. Genau die damaligen Argumente kehren aber heute wieder, und auf seiten der Angegriffenen sollte bedenklich stimmen (falls man überhaupt noch Zeit dazu hat bei aller Larmoyanz), daß die eigenen Positionen haargenau jene von Molos sind, und man war doch vorher immer so stolz gewesen auf den eigenen Antifaschismus, wenigstens auf den.

Auch sonst sind Parallelen mit Händen zu greifen, bis hin zu dem Umstand, daß die Goldkehlchen und Notensetzer wieder einmal verschont bleiben. »Es war eine blitzartige Wandlung, die man nicht jedermann so mühelos zugetraut hätte«, schrieben die

Mitscherlichs und meinten damit nicht nur Wilhelm Furtwängler, Werner Egk und Elisabeth Schwarzkopf, sondern die Westdeutschen ganz allgemein. »Der kollektiven Verleugnung der Vergangenheit ist es zuzuschreiben, daß wenig Anzeichen von Melancholie oder auch von Trauer in der großen Masse der Bevölkerung zu bemerken waren.«

Mit diesem Mitscherlich-Satz werden Gegenwart und Zukunft in den fünf neuen Bundesländern mitgeteilt. Statt Trauer herrscht dort im Augenblick Zorn, statt Melancholie Verbitterung, und in beiden Fällen wird dies ausschließlich von materiellen Ursachen bedingt. Sobald diese fortfallen, wird die Verleugnung vollständig werden, und die Mehrzahl der Intellektuellen wird dabei mittun.

Müssen wir also auf unsere Studentenrevolte warten? Ihr Datum fiele ins Jahr 2012.

Sigmaringen

Das Land wurde geteilt, als Folge einer katastrophalen militärischen Niederlage im Zweiten Weltkrieg. Die Menschen stöhnten unter den Umständen. Trotz strenger Überwachungsmaßnahmen wurde die innere Grenze, die das Land jetzt durchlief, immer wieder von Flüchtlingen überquert. Die Teilstaat-Regierung war unbeliebt. Sie wurde weithin verachtet. Gleichwohl beanspruchte sie, im Namen und zum Nutzen der gesamten Nation zu handeln. Unfähig, zu erkennen, wie ihnen die Macht immer mehr abhanden kam, berauschten sich die Herrschenden an großen Worten, hehren Zielen und leeren Ritualen. Nach getaner Tagesarbeit flohen sie in die Villen eines kleinen erholsamen Ortes, um den herum es Ruhe, Wald und Wasser gab.

An ihrer Spitze stand ein alter Mann. Er war krank und nicht mehr fähig, die politische Situation, in der er sich befand, ganz zu begreifen. Einst vom Volk noch respektiert oder geduldet, half ihm jetzt nur mehr der Schutz der fremden Besatzungsmacht, die, in der Folge des notwendig gewordenen Rückzugs aus dem einstmals von ihr geschlagenen Lande, ihn dann auch mit sich nahm und ihrem Schutz unterstellte, wiewohl sie ihrerseits sich bereits im Zustand einer fortschreitenden Auflösung befand.

Die Rede ist von der französischen Kollaborationsregierung des Marschall Pétain in Vichy, nach dem Jahre 1940. Ihre Umstände waren sonderbar und unvergleichlich, wie es alle geschichtlichen Ereignisse sind. Dennoch drängen sich Analogien auf, bedingt, daß einander ähnelnde historische Anordnungen zu ähnlichen Konsequenzen führen können.

Ich komme nach Sigmaringen. Der Ort ist klein: 15 000 Einwohner, zahlreiche Ausbildungsstätten, Kreisbehörden. Der Bahnhof, ein auffällig langgestrecktes Gebäude, verfügt über einen Wartesaal, der an eine American Bar erinnert, mit nachgeahmten Art-déco-Möbeln, mit Vitrinen, in denen belegte Baguettes lagern. Auf ihren Hockern kauern zwei Trinker. In einem Nebenraum steht ein Billardtisch. Die jungen Männer, die an ihm spielen, tragen die olivgrünen Uniformen der Bundeswehr.

Andere deutsche Soldaten, getan in andere Uniformen, begleiten am 8. September 1944, einem Freitag, Henri Philippe Pétain, Madame Pétain und zehn ihrer Begleiter nach Sigmaringen. Marschall Pétain ist Staatschef von Frankreich. Sein Ministerpräsident, Pierre Laval, wird anderntags in Sigmaringen eintreffen. Um diese Zeit ist der weitaus größte Teil des französischen Territoriums von alliierten Truppen besetzt. Die Frontlinie der ständig zurückweichenden deutschen Truppen verläuft von Arnheim im Norden über Nancy bis nach Besançon und Lyon.

Sigmaringen liegt am südlichen Rande der Schwäbischen Alb und am rechten Ufer der oberen Donau. Es ist der Sitz eines schwäbischen Hochadelsgeschlechtes, Hohenzollern-Sigmaringen, das, im Unterschied zu seinen preußischen Vettern, katholisch geblieben ist und es im Range nie weiter als bis zum Fürsten gebracht hat. Bei den schwäbischen Hohenzollern haben einst noch zwei weitere Linien existiert, Haigerloch und Hechingen. Sie sind beide erloschen. Dies geschah im Fall Hohenzollern-Haigerlochs im 17., bei Hohenzollern-Hechingen im vorigen Jahrhundert. Heute ist der preußische Thronprätendent Chef aller Hohenzollern, Burg Hechingen fungiert als Stammsitz. Auch die Gebeine des zweiten Friedrich von Preußen wurden 1952 hier beigesetzt, nachdem sie, 1945, vor der anrückenden Roten Armee aus Potsdam fortgeschafft und zunächst nach Marburg verbracht worden waren.

Hechingen, die Stadt, ist etwas größer als Sigmaringen und liegt am Nordrand der Schwäbischen Alb, südlich von Tübingen. In Hechingen lebt vor siebzig Jahren der Armenarzt und Naturheilfanatiker Wolf, der durch einen seiner Patienten eingeführt wird in die sehr alten Praktiken der alemannischen Faßnacht und des schwäbischen Narrengerichts. Er sieht darin Überlieferungen, die zurückreichen in die Zeit der Reformation und des Bauernkriegs. Da er nebenher Literat ist, verfaßt er zum Thema ein Theaterstück, »Der arme Konrad«, das ziemlich erfolgreich wird. In Hechingen kommen seine beiden Söhne zur Welt, von denen der ältere, Markus, später Flugzeugbauer, Journalist und Spionagechef werden wird.

Ich verlasse den Bahnhof. Draußen sind Regen und Wind, die Automobile ziehen zischende Fontänen hinter sich. Es ist der letzte Tag des Frühjahrs 1991, das insgesamt als verregnet und zu kühl gelten wird. Seit dem Morgen diskutiert in Bonn der Deutsche Bundestag, ob man den Regierungssitz des wiedervereinigten Deutschland in die Hauptstadt Berlin verlegen soll oder nicht.

Seit dem Datum der deutschen Wiedervereinigung lebt Markus Wolf im Ausland. »Das ganze System hat nicht funktioniert«, sagt er in einem seiner letzten Interviews. »So habe ich das früher nie gesehen, und ich frage mich, warum eigentlich nicht.« Der Mann, der lange Jahre die Hauptverwaltung Aufklärung im Ministerium für Staatssicherheit der Deutschen Demokratischen Republik geleitet hat, flieht im Sommer 1991 vorübergehend nach Moskau, wo inzwischen auch der ostdeutsche Staatschef Erich Honecker und seine Frau Margot unterkamen. Mitverantwortlich für die strafrechtliche Verfolgung dieser sämtlichen Personen ist der deutsche Justizminister Klaus Kinkel, der früher einmal der geheimdienstliche Gegenspieler von Markus Wolf war und wie dieser aus Hechingen kommt.

Der französische Staatschef Philippe Pétain ist bei seinem Eintreffen in Sigmaringen ein Greis von 89 Jahren. Seiner Herkunft nach stammt er aus ärmlichen Verhältnissen. Er hat als junger Mann ein Internat durchlaufen und die Offiziersakademie von St. Cyr, bis zu seinem 58. Lebensjahr bringt er es eben zum Rang eines Obristen. Er steht kurz vor der Pensionierung, als der Erste Weltkrieg beginnt. Man schickt ihn nach Verdun. Dort kämpft er so erfolgreich gegen die deutschen Angreifer, daß man ihn an die Spitze aller französischen Armeen beruft und zum Marschall befördert. Er ist der »Held von Verdun«, der eigentliche Architekt der französischen Siege.

Nach dem Krieg schlägt er Aufstände in Nordafrika nieder, wird Verteidigungsminister und französischer Botschafter beim faschistischen General Franco. 1940 sitzt er wieder einmal im Kabinett seines Landes. Er muß, jetzt ist er Premier, den französischen Waffenstillstand mit Adolf Hitler abschließen. Frankreich wird zweigeteilt. Der Norden bleibt von den Deutschen besetzt, der Süden behält eine formelle Autonomie. Regierungssitz wird Vichy in der Auvergne, ein freundlicher Badeort, wo am 11. Juli 1940 die französische Nationalversammlung Marschall Pétain zum Staatschef wählt.

In der Debatte des Deutschen Bundestags über den künftigen Regierungssitz wird der Abgeordnete Willy Brandt Bonn mit Vichy vergleichen. Es ist ein unangemessener Einfall. Adenauer war kein Pétain. Die deutsche Parallele zu Vichy hieße viel eher Wandlitz.

Ich gehe die Bahnhofstraße hinab. Ich biege ein in die Fürst-Wilhelm-Straße. Ich gehe vorüber am Gebäude der fürstlichen Reithalle, die heute als Elektrozentrale dient und in dieser Funktion weiterhin dem Fürsten von Hohenzollern-Sigmaringen gehört. Diese Stadt, entdecke ich, verfügt über eine auffällige Massierung von Denkmälern. Das läßt mich sofort an die untergegangene DDR denken, die zwar alles verkommen ließ, Wirtschaft, Moral, politische Stabilität, die aber so viele Denkmäler aufgestellt hat, zumeist scheußliche, wie sonst nur noch die Hohenzollern. Jene von Sigmaringen, die man als Standbilder besichtigen kann, heißen zum Beispiel Karl Anton, Karl, Wilhelm, Leopold. Der Bildhauer des Letztgenannten trägt den Namen Henselmann. Ebenso heißt der Schöpfer zahlreicher stalinistischer Prunkbauten in Berlin, Hauptstadt der DDR.

Der Chef des Hauses Hohenzollern-Sigmaringen im Jahre 1944 heißt Friedrich. Im August erscheint bei ihm ein Kommando der damaligen Politischen Polizei, Gestapo, um ihm mitzuteilen, er habe sofort seine Gemächer zu räumen, sie seien beschlagnahmt. Wieso man auf den Einfall kam, Marschall Pétain ausgerechnet in Sigmaringen einzuquartieren, läßt sich nur noch vermuten.

Daß man diese Regierung auch weiterhin halten möchte, geschieht aus den gleichen Motiven, die 1940 zu ihrer Bildung und, später, zu ihrer Stützung führten. Man sucht französische Hilfe gegen den Feind. Der Feind heißt zum Beispiel England. Die Feindschaft zwischen Großbritannien und Frankreich ist viel älter als jene zwischen Frankreich und den Deutschen. Sie geht bis tief ins Mittelalter zurück und läßt sich, nach Bedarf, derart mobilisieren, daß es die eben erst hundertjährige Abneigung gegen Deutschland beschwichtigt, wie sich an der Handlungsweise des Helden von Verdun, Philippe Pétain, beispielhaft ablesen läßt.

Ich gehe vorüber am Haus Fidelisstraße 1. Dies ist ein schönes altes Gebäude, mit Erker, mit kleinem

Glockenturm, und es hat eine bunte Geschichte. Nach 1578 war es ein Gasthof, »Krone«, und der Legende zufolge das Geburtshaus von Markus Roy, dem späteren Kapuzinermönch Fidelis und Märtyrer der Gegenreformation, den der Papst 1746 heiligsprach. Er ist der Stadtpatron von Sigmaringen. Sein vermeintliches Geburtshaus wurde später Postamt, Gymnasium und kirchliches Altersheim. 1944 nehmen es Angehörige der Vichy-Regierung in Besitz.

Zur etwa gleichen Zeit wird in den beiden anderen schwäbischen Hohenzollernstädten, Hechingen und Haigerloch, an einer Atombombe für Adolf Hitler gebaut. Die deutschen Angehörigen des Uranvereins, an ihrer Spitze Werner Heisenberg, sind mitsamt ihren Forschungsgegenständen hierher evakuiert worden, um in der Ruhe der Schwäbischen Alb zu betreiben, was sie in ihren von Luftangriffen bedrohten Labors in Berlin nicht mehr betreiben können. Die Frage, ob ihre Bombe nicht fertig wurde, weil sie die Arbeit daran absichtlich verzögerten, wird seither unentwegt debattiert und ist bloß spekulativ zu beantworten.

In zwei Tagen wird man der fünfzigsten Wiederkehr jenes Datums gedenken, da Hitler die Sowjetunion überfiel. Das unerbittliche Ende des kriegführenden Deutschland war spätestens seit dem 22. Juni 1941 vorgegeben. Der Einzug Heisenbergs in Hechingen, der Einzug Pétains in Sigmaringen haben auch mit dem Fall »Barbarossa« zu tun. Die Stimme von Joseph Goebbels, die den deutschen Vormarsch im

Osten pathetisch kommentiert, klingt, unterlegt von historischem Rauschen, morgens aus meinem Hotelradio.

Der Virtuose der nationalsozialistischen Agitation wirkt heute sehr fremd, wie ein expressionistisches Dokument, man kann die einstige Massensuggestion nicht mehr begreifen. Aber es war und ist nicht der Zweck von effizienter politischer Propaganda, auf die Nachwelt zu wirken. Über »diese schreckliche Medienpolitik und das, was der Apparat so veranstaltete«, räsoniert Markus Wolf, der einstige Journalist, im Hinblick auf die politische Propaganda der DDR. Von »Barbarossa« ist er damals unmittelbar bedroht gewesen. Er lebte mit Eltern und Geschwistern im sowjetischen Exil.

Eine Propagandamaschinerie betreibt auch die Pétain-Administration zu Sigmaringen. Ihr Chef heißt Jean Luchaire. Er ist Informationsminister im Kabinett Laval, ein französischer Goebbels, und unter seiner Anleitung sendet täglich auf Langwelle 278,6 Meter Radio Sigmaringen »Ici la France« und beginnt damit um 19.30 Uhr. Zunächst gibt es ein kleines Musikprogramm. Der populäre Charles Trenet singt. 19.45 Uhr folgen Nachrichten, 20 Uhr ein weiteres Musikprogramm. 20.30 Uhr sind Informationen zu hören, mit anschließendem Kommentar, den Jean Luchaire manchmal selber spricht, indem er flammende Worte zur Befreiung Frankreichs von den Amerikanern findet. Danach Musik von Bach, Mozart und Wagner. Das Programm endet um 21 Uhr. Es ist bis weit hinein nach Frankreich zu empfangen.

Daneben läßt Jean Luchaire eine Reihe von Zeitungen und Zeitschriften publizieren, von denen die wichtigste »La France« heißt. Sie erscheint täglich und hat eine Redaktion von 220 Mitarbeitern. Gedruckt wird sie im Keller eines Gebäudes an der Karlstraße, dessen obere Räume das Ministerium von Jean Luchaire beherbergen. Die Karlstraße ist Sigmaringens Verwaltungsmeile. Heute befinden sich dort die Gerichte, das Gewerbeaufsichtsamt, die Finanzbehörde, der Zoll.

Die beiden historischen Gasthöfe der Stadt heißen »Zum Bären« und »Zur Traube«. Beides sind Fachwerkhäuser, jenes der »Traube« stammt vom Jahr 1722 und steht längst unter Denkmalschutz. Sigmaringen ist heute eine kleine behäbige Bürgerstadt, siebenhundert Jahre alt, schwabenfleißig, ehrbar und mit kleinem Kunstsinn. Die historischen Gebäude befinden sich durchweg in gutem Zustand. Dunkel stehen Fachwerkbalken in blütenweiß gekalkten Wänden, und vor den Fenstern wachsen karmesinrot die Geranien. Eben unterbricht der Regen. Betagte Touristen stürzen auf die krummen Gassen und werden sich die Fuße wund gehen, bis sie, beim Wiedereinsetzen des Regens, sich aufatmend in die Hofkonditorei setzen oder in das Café Maucher an der Antonstraße.

Das Kaffeehaus der Pétain-Leute in Sigmaringen ist »la Confisérie Schön«. Sie sitzen auch im »Bären« und in der »Traube«. Sie sitzen überall. Es sollen sich zuletzt 25 000 Franzosen in Sigmaringen befinden, einer Stadt, die 1944 wenig mehr als 8 000 Einwohner hat, ich kann alle diese Zahlen nicht glauben. Jetzt, sechsundvierzig Jahre danach, erinnert an jenen Zustand überhaupt nichts mehr. Die französische Episode der Stadt wird durchaus nicht vergessen, wieso sollte man, aber sie ist herabgestuft zu einem geschichtlichen Zwischenspiel, das nur noch Nebensätze lohnt.

Das Gewicht geschichtlicher Erinnerungen wird durch die sonderbarsten Umstände bedingt, um vielleicht seinerseits Geschichte zu produzieren, die sich erinnern läßt oder nicht. Die Pétain-Administration zu Sigmaringen begreift sich als rechtmäßige Regierung der Französischen Republik, ausweislich auch mancher ihrer Mitglieder, die bereits 1940 dem Kabinett angehörten. Marschall Pétain ist der festen Überzeugung, kein Verräter zu sein, sondern ein französischer Patriot. Auch Erich Honecker meint heute von sich, daß er weder ein Verräter noch ein Versager sei, sondern ein sozialistischer deutscher Patriot.

Er ist im Saarland geboren. 1935, als entsprechend dem Versailler Vertrag eine saarländische Volksabstimmung stattfindet, wirbt Honecker namens seiner Partei, der KPD, für den Verbleib des Territoriums bei Frankreich. Es ist eine Zeit, da die europäischen Kommunisten sich zum glühenden Antifaschismus bekennen. Sie endet zunächst 1939, mit dem Hitler-Stalin-Pakt, und selbst Frankreichs Kommunisten sehen sich in der Folgezeit genötigt, den englischen Imperialismus zum Hauptfeind zu erklären. So geschieht, daß die Anfänge der Résistance vornehmlich von

Anhängern des Generals de Gaulle betrieben werden. Erich Honecker ist für die unglaublichen Schwankungen der kommunistischen Bewegung zwischen 1935 und 1941 nicht in persönliche Verantwortung zu nehmen. Er sitzt zu jener Zeit als politischer Häftling im Zuchthaus Brandenburg, welchem Umstand er den Respekt verdankt, von dem er später als Politiker zehren wird.

Der Respekt, den Philippe Pétain genießt, resultiert aus seinen militärischen Leistungen gegen Deutschland im Ersten Weltkrieg. Während ein Teil der Generalität, voran Charles de Gaulle, 1940 für eine Weiterführung des Kampfes an der Seite Englands plädiert, meinen Pétain und seine Anhänger, durch einen Waffenstillstand mit Hitler ihr Land vor dem Schlimmsten bewahren zu können. Die Illusion währt zwei Jahre. Dann brechen Hitlers Truppen die bestehenden Vereinbarungen und marschieren in den bis dahin unbesetzten französischen Süden. Pétain bleibt auch weiterhin der Auffassung, er sei Herr seiner Entschlüsse. Er begreift sich keinesfalls als deutsche Marionette. Noch in Sigmaringen protestiert er unentwegt gegen das, was er als deutsche Übergriffe auf seine Person ansieht.

Sein Ministerpräsident Pierre Laval hingegen vertritt das Prinzip der unbedingten Kollaboration. Er hat den Begriff auch erfunden. Pierre Laval ist ein alter politischer Routinier der Dritten Republik, mehrfach Minister und Ministerpräsident, dies erstmals schon im Jahr 1931. Seine Politik gegenüber Deutschland kommt aus ursprünglich ehrenwerten

Motiven. Er bekennt sich, zunächst, zur deutsch-französischen Annäherung aus dem Geist und der Tradition von Aristide Briand. Er ist brillant, gerissen, ehrgeizig und skrupellos. Pétain verabscheut ihn. Er unterstellt, vermutlich zu Recht, Laval habe sein beträchtliches Vermögen auf überwiegend unredlichem Wege erworben. Pétain ekelt sich vor den schwarzen Zähnen und der ungewaschenen Aura seines Premier, von dem er gleichwohl politisch abhängig ist. Hier wie überhaupt bleibt Kollaboration und das moralische Urteil dazu eine Sache der Perspektive und des endlichen Erfolgs. De Gaulle kollaboriert mit England, dem Gegner Frankreichs, regiert von Marschall Pétain. Markus Wolf kollaboriert mit der Sowjetunion, das seit 1941 militärischer Gegner Deutschlands ist, des Territoriums seiner Geburt.

Ich stehe vor dem Haus Schwabstraße 1. Es handelt sich um ein überaus prächtiges Fachwerkgebäude, sehr alt, stammend vom Jahr 1367. Es war einmal ein Gasthof, »Zum Ochsen«, und im 18. Jahrhundert gehörte es der Malerfamilie von Ow. Es stellt damit eines von zwei Zentren künstlerischer Praxis in Sigmaringen. Das andere ist das Hoftheater an der Fürst-Wilhelm-Straße, das ursprünglich ein Gesellschaftshaus war, eine »Traiterie«, und danach verschiedentlich als *teatro stabile* diente, ehe es Kino wurde, was es auch heute wieder ist, an diesem Tage gibt man dort die amerikanische Hurenballade »Pretty Woman«.

Mit Kunst befassen sich ausführlich die Sigmaringer Franzosen nach dem September 1944. Man geht zu Vorträgen, Rezitationen, Klavierabenden. Es leben einige bemerkenswerte Schöngeister am Ort. Überhaupt erweist sich die französische Rechte zu jener Zeit, wie auch davor, wie auch danach, mit außerordentlichen Talenten bestückt, vor deren Moral man sich ekeln mag, deren ästhetische Leistung man gleichwohl respektieren muß. Die Überzeugung, daß der Hauptstrom von Frankreichs Literatur sich aus voltairianischen Traditionen speise, entspringt ohnehin einem perspektivischen Fehler, denn daneben existiert eine nicht minder mächtige konservativ-reaktionäre Überlieferung. In unserem Jahrhundert reicht sie von den Dreyfus-Gegnern Maurras und Barrès bis zu Autoren wie Brassilach und Drieu la Rochelle, und selbst so respektable Autoren wie Valéry, Montherland und Giraudoux sind politisch ins rechte Lager zu tun.

Der prominenteste Schriftsteller im Sigmaringen des Marschall Pétain heißt Louis-Ferdinand Céline. Er erscheint erst im November, in der Begleitung von zwanzig Koffern, seinem Freund Robert le Vigan und Madame Lucette Céline. Die zwanzig Koffer enthalten Waren für den Schwarzen Markt, dem sich der Autor bald mit großer Intensität widmen wird. Céline heißt mit bürgerlichem Namen Destouches und ist im bürgerlichen Beruf Mediziner. Er wird der französische Regierungsarzt von Sigmaringen. Er nimmt seinen Wohnsitz im Zimmer Nummer 11 des Gasthofs zum Löwen, wo er auch ordiniert. Er kümmert sich um die Magengeschwüre Lavals und die senilen Absencen Pétains.

Der Arzt, Dichter und politische Aktivist Friedrich Wolf, Markus Wolfs Vater, hat als Emigrant sowohl in Frankreich als auch in der Sowjetunion gelebt. Nach dem Krieg ist er einer jener Autoren, die dem eher kümmerlichen ostdeutschen Staat mit ihrer Rückkehr zu Ansehen verhelfen. Die anderen heißen Anna Seghers, Bertolt Brecht, Arnold Zweig. In Sachen ästhetischer Ausstrahlung ist die DDR der Bundesrepublik zunächst deutlich überlegen, und ein wenig von jenem frühen Glanz bleibt dem Staate Erich Honeckers bis zuletzt. Die in ihm lebenden Künstler sind überzeugt, sie hätten sich dem besseren politischen Modell verpflichtet. Als sie innewerden, daß sie geirrt haben, betäuben sie sich mit Selbstbetrug und Zynismus. Sie können den Untergang ihres maroden Landes nicht aufhalten, aber sie beschädigen infolge ihrer Hartnäckigkeit ihre Biographien und ihre Glaubwürdigkeit und ihre Zukunft.

Ist der Vergleich zwischen ihnen und Céline unzulässig? Dessen Ruhm stammt von einem Roman des Titels »Reise ans Ende der Nacht«. Es handelt sich um ein Kriegsbuch, eines der bedeutendsten der Weltliteratur, von dem sein Verfasser später behaupten wird, es sei kommunistisch. Tatsächlich kommt Céline von der politischen Linken und sieht sich lange als Sympathisant der Sowjetunion. Erst während der dreißiger Jahre entschließt er sich zum Bruch mit dem Lande Stalins und verfaßt antisemitische Schmähschriften, die das Entzücken von Frankreichs Faschisten sind.

Er ist keinesfalls der einzige Ex-Kommunist unter den französischen Rechten. Den gleichen Weg nahm ein anderer Kollaborateur namens Jacques Doriot. Er ist Führer des Parti populaire, einer französischen Faschistenorganisation, und bewegt sich gleichfalls in Sigmaringen. Der Wechsel zwischen Rechts- und Linksextremismus ist in Frankreich häufig, noch heute, wie man bei den Neuen Philosophen um André Glucksmann verfolgen kann. Er macht zugleich darauf aufmerksam, daß es sich in beiden Fällen um Manifestationen des nämlichen radikal-populistischen Zeitgeistes handelt.

Ich warte vor dem Rathaus von Sigmaringen. Es ist ein angenehmer Bau, der sich historisch gibt, aber erst von 1927 stammt, unter Verwendung von architektonischen Resten aus früheren Jahrhunderten. Vorm Rathaus steht ein Brunnen. Auf hohem Sockel posiert ein Fürst aus der Zeit des Dreißigjährigen Krieges. Ein weiteres Denkmal, daneben, erinnert an Tote des Ersten Weltkriegs, von dem die »Reise ans Ende der Nacht« erzählt, Célines Roman.

Man müsse es nicht noch eigens berühmen, gleichwohl, es sei schon ein sehr malerischer Aufenthalt, spottet über Sigmaringen Céline sehr viel später, im Rückblick auf seine Tage an diesem Ort. Er vergleicht die Ereignisse einer Operette. Tatsächlich hat die Anwesenheit der Regierung Pétain in der Kleinstadt am Rande der Schwäbischen Alb etwas vom bösen Geist der musikalischen Komödien Jacques Offenbachs. Indessen gibt es triftige Gründe für die fortdauernde Existenz dieser Staatsspitze ohne Staat, sie haben mit der augenblicklichen Situation an den militärischen Fronten zu tun.

Die Truppen der Alliierten sind noch nicht auf deutsches Territorium vorgedrungen, und noch gibt es bescheidene Hoffnungen, das Kriegsglück könne sich wenden, vielleicht durch eine von Hitlers Geheimwaffen oder durch einen Separatfrieden bei halbwegs erträglichen Bedingungen. In den Ardennen wird eine große Gegenoffensive vorbereitet. Bei den zu erwartenden Kämpfen ist jegliche Verstärkung hochwillkommen. Die Administration des Marschalls Pétain mag mehr und mehr eine Regierung ohne Land geworden sein, eine Regierung ohne Untertanen ist sie deswegen nicht. Noch gibt es genügend waffenfähige Franzosen, die ihr direkt erreichbar sind, denn in Deutschland leben derzeit Tausende von französischen Kriegsgefangenen und Fremdarbeitern. Man muß sie nur mobilisieren, daß sie gemeinsam mit der deutschen Armee das französische Staatsgebiet zurückerobern.

Hauptsächlich für diese Menschen werden die Tageszeitung »La France« und die Sendungen von Radio Sigmaringen gemacht. In der Tat gibt es auch ein französisches Militärkontingent auf deutscher Seite, die Division Charlemagne. Sie kämpft an der Ostfront. Nun will Jacques Doriot eine Art westliches Gegenstück zur Division Charlemagne ins Leben rufen. Er will französische Fallschirmjäger hinter den alliierten Linien absetzen. Dann kommt er im Februar 1945 auf mysteriöse Weise ums Leben, und zusammen mit ihm werden die politischen

Hoffnungen der Franzosen von Sigmaringen endgültig begraben.

Da ist auch schon die Ardennenoffensive vorüber. Sie ist gescheitert. Die alliierten Armeen stehen am Rhein, in Ostpreußen und in Schlesien. Wie damals bei den Pétainisten im Schloß von Sigmaringen muß das seelische Klima in den Villen von Wandlitz gewesen sein, Spätherbst 1989.

Das Schloß. Es ist der Mittelpunkt von Sigmaringen. Es überragt die kleine Stadt, die, wenn man so will, nichts als eine Zutat, eine bürgerliche Ergänzung des Schlosses ist. Situiert auf einem Felsen über einem Bogen der Donau, hat es eine vielhundertjährige Geschichte, aber seine gegenwärtige Gestalt hat es gerade erst seit 85 Jahren, nachdem ein großer Brand 1893 die meisten Gebäude verwüstete. Der Neubau wird das Werk der Architektenbrüder Seidl, von denen zum Beispiel die Villa Lenbach und das Deutsche Museum in München stammen. Sie bringen die architektonischen Erfahrungen aus dem Bayern des zweiten Ludwig nach Sigmaringen, ihr Neubau atmet spürbar den Geist von Neuschwanstein und Richard Wagner.

Daß Schlösser als habitueller Sitz von Regierungen und Regierungsmitgliedern dienen, ist ein feudalistisches Erbteil, von dem sich auch bürgerliche Republiken nicht befreien mögen. Die französischen Präsidenten sitzen im Elysée-Palast. Der oberste Repräsentant des vorgeblichen Arbeiter-und-Bauern-Staates DDR amtierte zunächst im Schloß Niederschönhausen, einer ehemaligen Hohenzollernbleibe, dann in einem Neubau, dem ein Portal des einstigen Berliner Stadtschlosses vorgeblendet ist. Erich Honecker empfing gerne in Hubertusstock, einem kaiserlichen Jagdschloß. Andere Mitglieder seines Politbüros requirierten Herrensitze in Mecklenburg und der Mark.

Schloß Sigmaringen ist heute wieder privater Besitz der fürstlichen Familie. Von mehreren hundert Räumlichkeiten sind etwa zwei Dutzend den Besuchern zugänglich. Das Treppenhaus wirkt sehr hell. Auf einem Fenstersims steht die verkleinerte Nachbildung des Fridericus-Denkmals von Rauch, vergoldet, und an einer Wand hängt ein Porträtbild des Großen Kurfürsten.

Die Führerin ist ein mageres junges Mädchen mit rotblonden Haaren. Sie spricht schwäbischen Akzent. Ihr Vortrag verzichtet nicht auf jene neckischen Zutaten, die von Museumsbesuchern gern belacht werden. Eine Gruppe amerikanischer Hochschüler beugt sich angestrengt über einen hektographierten Text. Sie wiederholen halblaut, in breiter texanischer Artikulation, die Namen, Hohenzollern, Eitelfriedrich, die für sie erkennbar geschichtslose Wörter sind.

Im Ahnensaal tritt mir Josef Stalin entgegen. Beim Näherkommen entdecke ich, daß es sich um ein Porträt des Fürsten Karl Anton handelt, der von 1811 bis 1855 lebte. Es folgen Räume, in denen Verbindungen der fürstlichen Sippe nach Westeuropa ausgewiesen werden. Eine Prinzessin, Stephanie, war die Frau eines portugiesischen Königs. Fürstin

Amalie Zephryne hat Kinder der Joséphine Beauharnais behütet, der später ersten Frau Napoleons. Es gibt einen Speisesaal, der 1872 von Lambal, einem französischen Architekten, ausgestattet worden ist. Wenn man danach suchen würde, fänden sich hier mögliche Begründungen für die Anwesenheit des Marschall Pétain in Sigmaringen.

Das Kollaborationsregime von Vichy ist die Erfindung eines deutschen Diplomaten gewesen, Otto Abetz. Er war verheiratet mit einer Französin, er war hemmungslos frankophil und plante so etwas wie die deutsch-französische Annäherung unterm Zeichen des Hakenkreuzes. Er amtierte als Hitlers Botschafter in Paris nach dem Waffenstillstand, er benahm sich vergleichsweise maßvoll, zu seiner Entourage gehörte ein Mann wie Friedrich Sieburg, und derart, wie Laval eine verhunzte Beziehung zu Briand besaß, mochte sich Otto Abetz in der Nachfolge Gustav Stresemanns sehen, irgendwie. Er brachte Laval mit Ribbentrop und Hitler zusammen. Er sorgte dafür, daß die Regierung von Vichy in Sigmaringen Unterschlupf fand. Die formelle Autonomie des Regimes blieb selbst da noch erhalten. Es gab weiterhin einen bei ihr akkreditierten reichsdeutschen Botschafter mit Sitz in Sigmaringen, wie es daneben einen akkreditierten japanischen Botschafter gab.

Ich werde in die Räume geführt, wo Pétain und seine Frau gelebt haben. Die rotblonde Führerin hat Mühe mit den französischen Nasalen. Ich sehe Pétains Schlafzimmer. Das Doppelbett hat geschnitzte Pfosten mit Blattgoldauflage. Im Speisesaal, wo es dämmerig ist, nahmen Pétain und seine Mitarbeiter damals ihre Mahlzeiten ein. Die amerikanischen Hochschüler haben Mühe, Sigmaringen, Hitler, Pétain und Frankreich in einen für sie vernünftigen Zusammenhang zu bringen.

Das Essen wird für die verwöhnten Exilfranzosen damals zum quälenden Problem. Trotz Sonderzuteilungen durch die Deutschen empfinden viele von ihnen ihre Versorgung als unzumutbar. Céline erwähnt die 5 000 Stammessen des Löwenwirts, die in der Regel aus Rotkohl bestanden. Madame Laval stöhnt über den ständigen Verzehr von Kartoffeln.

Laval wohnt genau ein Stockwerk tiefer als Pétain, in der sechsten Etage. Die Animositäten zwischen den beiden bestehen fort. Der gelernte Rechtsanwalt Laval präpariert sich auf die juristische Verteidigung seiner politischen Handlungen vor einem französischen Gericht, für den, was er wohl spürt, kaum noch abwendbaren Fall einer deutschen Niederlage. Er fühlt sich nicht nur formal im Recht, auch moralisch. Ist denn nicht die Mehrzahl seiner Landsleute 1940 zu einem Ausgleich mit Deutschland bereit gewesen? Sie liebten die Deutschen nicht, sie liebten ihre Bequemlichkeit. Haben sie aber nicht alle ihren Frieden mit den gestiefelten Besatzern gemacht: Bühnenkünstler wie Maurice Chevalier und Zizi Jeanmaire, Modeleute wie Coco Chanel, Verleger wie Gaston Gallimard, Autoren wie Sascha Guitry, Jean Giono und Marcel Jouhandeau? Dazu noch die vielen Namenlosen, die erst 1944, im Augenblick der Befreiung durch die Alliierten, plötzlich entdecken, daß sie allesamt Verfolgte oder Widerstandskämpfer gewesen sind? Die Haltungen erinnern verblüffend an den Herbst 1989 in der DDR.

Damals gab es zwischen Elbe und Oder ein paar Selbstmorde. Drieu la Rochelle, der Kollaborationsautor, hat sich 1944 geweigert, dem Zug der Exilanten nach Sigmaringen zu folgen, er bleibt in Frankreich, er bringt sich um beim Nahen der Front. Robert Brasillach wird unmittelbar nach der Befreiung vor ein französisches Gericht gestellt und erschossen. Die Nachricht davon gelangt nach Sigmaringen. Täglich kommen solche Meldungen, über die Verhaftung, Aburteilung und Exekution von Kollaborateuren. Die Front rückt näher. Der fast 89jährige Marschall Pétain lebt seine Zeit mit der starren, unerschütterlichen Disziplin des gelernten Militärs.

Henry Rousso, ein junger französischer Historiker, hat den Tagesablauf auf Schloß Sigmaringen rekonstruiert. 8 Uhr. Ministerpräsident Laval arbeitet in einem mit blauer Seide ausgeschlagenen Zimmer an seiner potentiellen Verteidigung. 9 Uhr. Laval liest die eingegangenen Zeitungen. 10 Uhr. Laval empfängt politische Mitarbeiter und führt Arbeitsgespräche. 13 Uhr. Auf riesigen Silbertellern werden zum Mittagessen Salzkartoffeln serviert. 15 Uhr. Laval nimmt deutschen Sprachunterricht bei einer jungen Rheinländerin, Ehefrau eines französischen Offiziers, seine Lernergebnisse sind kläglich. 16 Uhr. Laval unternimmt seinen üblichen Spaziergang und muß der Vergünstigungen entraten, die

Pétain zu diesem Anlaß genießt: Der Marschall kann seine Ausflüge im Wagen unternehmen und unter dem Begleitschutz eines Kommandos der Gestapo. 20 Uhr. Im Anschluß an das magere Abendessen empfängt Laval den Besuch von Céline, der in den Augen des Premiers zwei Vorzüge hat: Er raucht nicht, und er ist von unermüdlicher Geduld beim Zuhören. 22 Uhr. Laval arbeitet wieder an seiner Verteidigung. Mitternacht. »Das Schloß liegt im Schlummer«, so Rousso. »Pétain schnarcht. Die Frau des Marschalls liegt schlaflos. Im sechsten Stock brennt noch eine Lampe. Der abgekämpfte Pierre Laval liest und arbeitet immer fort. Im Geist kreuzt er die Klinge mit Mornet, seinem mutmaßlichen Hauptankläger vor dem Obersten Gericht.«

Eine Atmosphäre aus Stumpfsinn, Angst und Untergangsahnungen wie in Wagners »Götterdämmerung«. »Das System konnte und wollte seine Schwächen und Widersprüche nicht eingestehen«, sagt Günter Schabowski. »Die Uhr lief ab. Als wir uns noch Chancen ausrechneten, hatte der Kollaps schon sein Datum.« Schabowski ist letzter Hauptverantwortlicher für Agitation und Propaganda in der alten SED gewesen, und natürlich gelten seine Worte dem Untergang der DDR. Im Dezember 1989 verliert er sein Parteiamt. Im März 1945 überquert die 9. US-amerikanische Armee bei Remagen den Rhein.

Der vorletzte der bei den öffentlichen Führungen durch Schloß Sigmaringen gezeigten Räume ist ein Jagdzimmer. In einer Vitrine steht die Fotografie des

Fürsten Friedrich, eines besonders hingebungsvollen Nimrods, und an den Wänden hängen Trophäen, darunter, die Führerin erwähnt es nicht ohne Stolz, sechshundertundvierzig Geweihe allein von Rehböcken. In der DDR gibt es zuletzt 18 Staatsjagdgebiete mit 108 000 Hektar Fläche. Zu ihrer Unterhaltung bedarf es zweistelliger Millionenbeträge im Jahr. Der pathologische Jäger Erich Honecker pflegt, da er aus Altersgründen die Waffe nicht mehr sicher halten kann, seinen Gewehrlauf auf die Schulter des vor ihm stehenden Aufpassers zu legen. Der Mann trägt infolge der nahen Detonationen einen Gehörschaden davon, was ihm durch höhere Bezüge entgolten wird.

Im April bricht dann unter den Franzosen zu Sigmaringen die Panik aus. Als erster entfernt sich Laval. Mit einem Flugzeug der deutschen Luftwaffe flieht er nach Spanien, aber General Franco, eben noch Hitlers Verbündeter, reicht ihn alsbald an das befreite Frankreich des Generals de Gaulle weiter. Man wird Laval den Prozeß machen. Seine in Sigmaringen probierten Rechtfertigungen werden ihm nichts nutzen. Man wird ihn verurteilen und exekutieren.

Marschall Pétain erfährt am 5. April, daß man ihm in Abwesenheit den Prozeß machen will. Daraufhin möchte er sich dem Gericht stellen und bittet Hitler um eine entsprechende Möglichkeit. Der deutsche Diktator antwortet nicht. Am 21. April erscheint ein SS-Kommando auf Schloß Sigmaringen, um den Marschall abzuholen. Pétain sieht darin eine

Entführung und protestiert. Das SS-Kommando bringt Pétain bis zur Schweizer Grenze. Der Marschall durchquert die Eidgenossenschaft und reist am 25. April, einen Tag nach seinem 89. Geburtstag, in Frankreich ein.

»Verbohrter menschlicher Ewigkeitswahn hatte sich als jäh begrenzbar erwiesen«, schreibt Günter Schabowski zum Sturz Erich Honeckers. Philippe Pétain wird vor Gericht gestellt und zur Höchststrafe verurteilt. Wegen seiner einstigen Verdienste im Ersten Weltkrieg gegen Deutschland setzte Staatspräsident Auriol das Todesurteil aus. Philippe Pétain verbringt den Rest seines Lebens auf der Ile d'Yeu und stirbt dort am 23. Juli 1951, im Alter von 95 Jahren.

»Offen gesagt und unter uns: Mein Ende ist noch viel mieser als mein Anfang«, sagt Céline am Eingang seiner Erinnerungen an das Schloß von Sigmaringen, das er übrigens beharrlich Siegmaringen schreibt, vielleicht in Erinnerung an Opernhelden von Richard Wagner. Er selbst hat die erste Nachkriegszeit in Dänemark überstanden. Sein französischer Verleger ist erschossen worden, gleichsam stellvertretend für ihn. Er selbst darf 1952 nach Frankreich zurückkehren, er lebt dann in Meudon bei Paris, wo er als Armenarzt arbeitet, vereinsamt und verbittert, sein Ende ist viel mieser als sein Anfang.

Ich gehe von Schloß Sigmaringen fort. Das Wasser der Donau leckt an den Ufern. »Das Ende der alten SED war besiegelt«, notiert Schabowski, und

Markus Wolf sagt: »Was die Geschichte angeht, so meine ich, muß man Lehren ziehen, unbedingt.« Ich werde mir bald eine Zeitung kaufen, in der ich lesen kann, wie im nahen Hechingen, Wolfs Geburtsort, die Vorbereitungen laufen zur Heimkehr der ausgelagerten Gebeine des Alten Fritz nach Potsdam. Am Abend werde ich im Radio meines Hotelzimmers hören, daß der Bundestag Berlin zum endgültigen deutschen Regierungssitz bestimmt. Jetzt kommen mir ein paar alte Leute entgegen durch den Langen Garten, mit aufgespannten Schirmen. Es regnet immer noch.